COUVERTURE SUPÉRIEURE ET INFÉRIEURE
EN COULEUR

SAINT MAUDEZ

TEXTE LATIN

DES DEUX VIES LES PLUS ANCIENNES DE CE SAINT

ET DE SON TRÈS-ANCIEN OFFICE

PUBLIÉ AVEC NOTES ET COMMENTAIRE HISTORIQUE

PAR

Arthur de LA BORDERIE,

DE L'INSTITUT.

RENNES

J. PLIHON & L. HERVÉ, LIBRAIRES-ÉDITEURS,

5, RUE MOTTE-FABLET, 5

M.DCCC.XCI

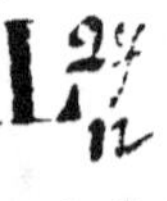

ANCIENNES VIES LATINES

DE

SAINT MAUDEZ

SAINT MAUDEZ

TEXTE LATIN

DES DEUX VIES LES PLUS ANCIENNES DE CE SAINT

ET DE SON TRÈS-ANCIEN OFFICE

PUBLIÉ AVEC NOTES ET COMMENTAIRE HISTORIQUE

PAR

Arthur de LA BORDERIE,

DE L'INSTITUT.

RENNES

J. PLIHON & L. HERVÉ, LIBRAIRES-ÉDITEURS,

5, RUE MOTTE-FABLET, 5

M.DCCC.XCI

(Extrait des Mémoires de la Société d'Emulation des Côtes-du-Nord).

SAINT MAUDEZ

TEXTE LATIN

DES DEUX VIES LES PLUS ANCIENNES DE CE SAINT

ET

DE SON TRÈS-ANCIEN OFFICE.

AVEC NOTES

ET COMMENTAIRE HISTORIQUE.

AVERTISSEMENT

Il existe, à notre connaissance, deux anciennes Vies latines de saint Maudez ou Maudet, que l'on appelle en France, hors de Bretagne, saint Mandé.

I. — La plus ancienne de ces Vies (jusqu'à présent inédite) est cependant d'une rédaction plus récente que ne l'a dit Lobineau, qui la croyait « dressée avant l'époque où l'on emporta hors de Bretagne les reliques de saint Maudez », c'est-à-dire, suivant l'opinion commune, avant l'an 878 (1). Nous verrons qu'elle ne remonte qu'à la fin du XIe siècle; mais c'est une pièce sincère, qui reproduit fidèlement, sans y rien changer, les données fournies peut-être par un document écrit antérieur, certainement par de très anciennes traditions ; on y trouve certains traits d'antiquité fort caractéristiques.

Cette Vie, partagée en leçons existait dans le grand Légendaire de Tréguer et aussi dans l'ancien bréviaire de Léon. Nous ne

____

(1) Voir Lobineau, *Vies des SS. de Bretagne*, in-fol. p. 84.

la connaissons plus aujourd'hui que par la copie qui en fut faite au XVIIe siècle par les Bénédictins bretons collaborateurs de Lobineau dans leur grand recueil hagiographique, formant la seconde partie d'un volume grand in-folio conservé à la Bibliothèque nationale, sous la cote actuelle Ms. fr. 22321, naguère volume XXXVIIIe de la collection des Blancs-Manteaux (p. 861 à 865).

Comme nous imprimons cette *Vie* d'après la copie des Bénédictins, nous reproduirons fidèlement l'orthographe de cette copie, même les *æ* qu'elle contient, et qui, dans le texte du *Légendaire de Tréguer*, devaient être certainement des *e* simples.

Dans notre *Commentaire historique* nous désignons ce document sous le nom de *Première Vie de S. Maudez*, ou encore *Vie ou légende trégoroise de S. Maudez.*

II. — *La deuxième Vie de S. Maudez ou S. Mandé existe dans un manuscrit contenant* « *un recueil de Vies de saints et d'homé-*
» *lies, conservé à la bibliothèque d'Orléans sous le n° 330 (anc.*
» *279). Ce recueil provient de l'ancienne bibliothèque du chapitre*
» *de Sainte-Croix* (1) ; *il est du XIVe siècle, sur parchemin, à*
» *deux colonnes, à 24 lignes à la page, de 375 millim. (hauteur)*
» *sur 250 (largeur). M. Cuissard, sous-bibliothécaire d'Orléans,*
» *en a donné la notice dans le tome XII du Catalogue général*
» *des manuscrits des bibliothèques publiques de France, lequel*
» *est consacré tout entier aux riches manuscrits d'Orléans.* (2) »

Cette Vie (où le saint est constamment appelé Mandetus*) occupe les feuillets 36 à 43 du manuscrit en question. Elle a été récemment imprimée à petit nombre (une centaine d'exemplaires environ) par les soins d'un de nos amis, M. Ulysse Robert, inspecteur-général des bibliothèques et des archives, dans les conditions spéciales que fait connaître le titre, ainsi conçu* :

« VIE DE S. MANDÉ, publiée d'après la ms. 330 de la bibliothèque d'Orléans par ULYSSE ROBERT, inspecteur-général des bibliothèques et des archives, avec traduction française [par M. Auguste Molinier]. — Saint-Mandé, près Paris, impr.

(1) Cathédrale d'Orléans.
(2) Ulysse Robert, *Vie de s. Mandé*, introduction, p. 7.

A. Beuscher, 1889. — Imprimé pour le mariage OMONT-DE FRESQUET, 23 juillet 1889. »

Cette édition est très soignée ; nous ne pouvons mieux faire que de la suivre pour reproduire le texte latin de ce document (1). Ce texte, comme celui de la première Vie (provenant du Légendaire de Tréguer), est partagé en leçons ; ces leçons et celles de la première Vie étant assez longues, nous avons introduit, dans l'une comme dans l'autre, pour la facilité des renvois et des recherches, une division en paragraphes plus courts avec un numérotage spécial, donnant 17 paragraphes à la première Vie et 20 à la seconde.

Cette deuxième Vie est une œuvre d'un genre tout autre que la première ; genre artificiel, œuvre de lettré ; nous l'apprécierons dans notre Commentaire historique. Sa composition pourrait bien n'être pas antérieure à la date du manuscrit où elle figure, c'est-à-dire au XIVe siècle; tout au plus remonterait-elle au XIIIe. Nous la désignerons sous le nom de Deuxième Vie, *ou encore* Vie *ou* légende orléanaise de S. Maudez.

III. — Une pièce complètement inédite que nous publions ensuite, c'est l'office de saint Maudez, tiré d'un bréviaire manuscrit du diocèse de Tréguer, écrit sur vélin au XVe siècle, et actuellement conservé dans la bibliothèque du Petit séminaire de cette ville. Ce volume mériterait, au point de vue de l'hagiographie, une étude et une description spéciale. C'est un gros billot dont le dos a près de dix centimètres d'épaisseur et qui renferme environ 500 feuillets, hauteur 177 millimètres, largeur 131, écrits sur deux colonnes de 31 lignes chacune.

L'office de saint Maudez s'étend du f. 463 r° au f. 465 v°. Il a six leçons propres prises mot pour mot de la première Vie du saint, à laquelle nous renvoyons en indiquant l'étendue de chaque leçon. — Les hymnes, antiennes, versets et répons sont en prose rimée et curieux comme monument de notre vieille littérature liturgique.

Ils semblent anciens et pourraient bien être du XIIIe siècle ; ils

---

(1) Nous ne reproduisons pas la traduction française ni les notes finales ajoutées par M. Robert, p. 42-46 ; mais nous aurons occasion de citer ces notes dans notre Commentaire historique

ont même gardé çà et là des traces d'une tradition remontant beaucoup plus haut. En tout cas il est intéressant, à plus d'un point de vue, de pouvoir les comparer aux deux légendes.

Le copiste qui a écrit le bréviaire manuscrit d'où est tiré cet office a fait sa besogne, surtout dans la dernière partie du volume, avec quelque négligence. Quelquefois il a omis des mots, plus souvent il en a estropié d'autres ; nous avons dû corriger ces fautes, suppléer à ces lacunes pour rendre le texte intelligible ; mais nous donnons en note toutes les leçons du manuscrit corrigées par nous.

IV. — Enfin, nous donnons en Appendice les leçons de la fête de saint Maudez — ou plutôt saint Mandé (Mandetus) — tirées d'un bréviaire gothique de l'église d'Orléans imprimé au commencement du XVIᵉ siècle. En comparant ces leçons à celles du bréviaire manuscrit du Petit séminaire de Tréguer, on voit nettement que la deuxième Vie de saint Maudez est essentiellement une chose orléanaise, née, développée, conservée à Orléans, tandis que la tradition bretonne et spécialement trégoroise est uniquement représentée par la première Vie.

Enfin nous terminons l'Appendice par la reproduction des leçons de la fête de saint Maudez tirées du Propre du diocèse de Léon du XVIIᵉ siècle : un amalgame de la Vie orléanaise et de la Vie trégoroise, additionné de certaines notions suspectes qui paraissent là pour la première fois et dont nous devrons rechercher l'origine et la valeur.

Sauf les notes qui ont pour objet l'établissement matériel du texte ou celui du sens grammatical, on n'en trouvera aucune au bas des pages contenant les documents dont nous venons de parler. Nous renvoyons au Commentaire historique qui suit ces documents tous les éclaircissements et explications que nous avons à donner.

Quant à l'orthographe des textes publiés ci-dessous, nous suivons exactement, pour la deuxième Vie, celle de l'édition Ulysse Robert, pour les autres, celle des manuscrits et des anciennes impressions d'où ils proviennent, en ramenant toutefois l'i et l'u consonnes à la forme actuelle, beaucoup plus commode, du j et du v.

Arthur DE LA BORDERIE.

I.

PREMIÈRE VIE DE S. MAUDEZ [1]

[**Ms. p. 861.**] XVIII NOVEMBR.

SANCTI MAUDETI ABBATIS.

LECTIO I.

1. — Post Passionem Domini nostri Jesu Christi salutiferam, per apostolos eorumque successores per quatuor orbis climata mirabiliter propagatam, in tempore Childeberti regis Francorum, de transmarinis regionibus ad istas partes citra Oceanum habitabiles magnus et pene innumerabilis cetus pontificum atque abbatum, miraculorum opere virorum satis venerabilium, transfretavit. Inter quos sanctus Maudetus, abbatia preditus, incredibili miraculorum gloria sublimatus, Deo dilectus et amabilis cunctis hominibus, effulsit.

2.— De hujus sancti viri nobili progenie succincta emulatione præsentium fidelium ac futurorum noutiæ, quatenus audientium sit velut quoddam memoriale, satis probabiliter possumus significare. Regali itaque stemmate oriundus fuit prælibatus vir venerabilis, cujus pater, Ercleus nomine, rex potens in suo tempore extitit in Hybernia regione. Mater vero ipsius, regali genere progenita, prænominati regis uxor inclita. cognominabatur Gentusa in supradictæ regionis loquela.

LECTIO II.

3.— Prænominati igitur parentes, regali nobilitate præpollentes, decem filios puerili indole satis præclaros Dei voluntate et dispositione genuerunt ; decimum quoque eorum, prænota-

<hr>

[1] Bibliothèque nationale, Manuscrits, collection des Blancs-Manteaux, vol. XXXVIII (aujourd'hui Ms. fr. 22321) p 861 à 865.

tum videlicet Maudetum, suam delectabilem prolem scilicet decimantes, Deo omnipotenti donaverunt atque, septem annorum transacto curriculo, litteratoriæ disciplinæ subdiderunt. Puerilis igitur documenti sensibiliter percepto indicio, suos coætaneos scolasticæ custodiæ mancipatos brevi temporis spatio transcendit, atque ad liberalium artium rudimenta statim multiplici studio convolavit. Quippe quem Dei voluntas et gratia inspirabat, ad culmen studii absque ullo impedimenti obstaculo pervenire leviter poterat. Perceptis vero liberalium artium disciplinis, ut jam prænotavimus, præ suis contemporaneis, divinæ paginæ lectioni se mancipavit ac florenti studio ad Novi Veterisque Testamenti documenta, ut esset doctor comprovincialium, sagaci ingenio leviter pervenit.

LECTIO III.

4. — Utraque autem scientia Dei famulus sæpedictus satis habunde repletus, incomparabili sanctitatis luce decoratus, miraculorum gratia sublimatus, Deo dilectus, hominibusque credentibus ad quorum audientiam fama ejus perveniebat acceptabilis, effulsit. Dei namque omnipotentis ineffabilis bonitas per suum electum famulum innumerabiles virtutes operari dignata est, cæcos illuminando, paraliticos curando, variisque infirmitatibus [afflictos] relevando. Quarum virtutum frequentia, tam in hac terra quam in alia, sancti viri fama extitit [**Ms. p. 862**] divulgata.

5. — Peragratis vero hujus minoris Britanniæ superioribus partibus, magna populi caterva comitatus qui salubribus ipsius sermonibus obtemperabat, tandem ad quamdam insulam infra mare duobus fere milliaribus sitam, propter yenenosam innumerabilium vermium multitudinem omnibus circumadjacentibus incolis inhabitabilem, appropinquavit atque, ab ea prænotata venenosa multitudine divino consilio effugata, sibi suisque discipulis statim illic, superna disponente Providentia, diversa receptacula fundavit.

LECTIO IV.

6. — Hospitiis vero paratis, ad ædificandum oratorium infatigabiliter, in quo orationes suo Creatori ac laudes debitas

præsentaret, supradicti patris desiderium æstuabat et invigilabat. Peracto itaque oratorio, cujus vir prælibatus replebatur desiderio, tam a suis quam ab aliis undique ad eum confluentibus, qualiter domus illa in Dei omnipotentis nomine ædificata per authenticos hujus terræ prælatos dedicari et sanctificari posset, consilium requisivit. Denique, accepto consilio secum commorantium, ac per litteras deprecatorio modo transmissas ecclesiarum hujus Britanniæ præsules convocavit, atque supra memoratum oratorium dedicare fecit. In isto igitur loco sanctus multis et admirandis virtutibus claruit : cæcos illuminavit, paraliticos curavit, leprosos mundavit, dæmones ab obsessis corporibus fugavit, cunctosque languidos variis languoribus male tractatos sanavit. Post hæc in præsenti loco spiritum exhalavit et ad cælestia regna feliciter migravit.

7. — Præsentium fidelium ac futurorum notitiæ operæ pretium est veraci stylo significare de miraculis quæ, concessione divinæ gratiæ, per supradictum patronum fiunt quotidie in hac regione. Nemini autem videatur incredibile esse quod per suum fidelem Dei omnipotentis invæstimabilis bonitas operari dignatur. Psalmista namque congratulans divinæ potestati de sanctis, sic exclamat : « Mirabilis Deus in sanctis suis ! » Multi itaque variis infirmit. tibus et præcipue vermibus impediti ad insulam, in qua prænominatus sanctus jacuit tumulatus, ex omnibus hujus patriæ finibus concurrunt, et illico, gustantes de terra cum aqua mixta ex fundamento accepta, sanitati restituuntur atque in eorum corporibus vermes sine ulla tarditate moriuntur. Hujus admirabilis virtutis gratia, fama nominis ejus est diffusa per multa terrarum spatia. Sed de his hactenus. De aliis vero prænominati sancti miraculis in sequentibus vigilanti cura est tractandum.

LECTIO V

8. — Illud autem miraculum non est prætermittendum nec oblivioni tradendum est, imo notitiæ fidelium præsentium ac futurorum specialiter exponendum, quod nuper, in tempore Hoeli comitis, declaratum fuit per supradictum Dei famulum. Consul itaque prædictus, nobilium comitum generosa prole

satis abunde progenitus, cujus dominio ista tellus tunc temporis parebat obsequio, quosdam de suis baronibus in eum magnam rebellionem adversando ac repugnando excitantes , congregato suo exercitu, stabili obsidione infra quasdam rupes viriliter circumdedit omnemque aditum eis exeundi abstulit. Rebelles igitur prædicti, magna formidine oppressi atque augustia cibi potusque penuria, furtim quando potuerunt unum de armigeris suis propter aquam ad fontem sancti Maudeti transmiserunt.

9.— [**Ms. p. 863.**] Qui mox ut ad fontem lympham haurire cœpit et in scapulis portavit, denique, cum pergebat in itinere, perterritus formidine carnem suam tactu aquæ frigidæ sensit ardere, acsi vivi carbones eum incenderent. Ad socios vero nullo modo valens pervenire, insanabiliter tractatus supradicta læsione, ad fontem sancti ex quo hauserat aquam reportavit cum vase, recognoscens se male fecisse. Declarata igitur virtute supradicti sancti ex ore illius armigeri, cuncti qui per auditum et visum percipiebant Deum omnipotentem et sanctum Maudetum sublimabant.

LECTIO VI.

10.— Nos autem, Spiritus Sancti gratia dictante, ad informationem fidelium et ad augmentum fidei, spei et caritatis eorum, quoddam aliud miraculum non minus insigne prædicto, quod memorabilis bonitas Dei pro illustri confessore suo Maudeto operari dignata est, satis compediose humili stylo ad memoriam revocare curavimus. Initio habitationis illius sancti in prædicta insula, quæ lingua britannica *Gueldenes* appellatur (*gueld* enim res indomita, britannico sermone, *enes* insula interpretatur : inde *Gueld Enes*, quasi *Insula Indomita* et inhabitabilis, propter vermium multitudinem, ut supra dictum est), duos discipulos, scilicet Bothmaelum et Tudium secum habuit fideles consortes in spe perhennis gaudii, labore et divino officio (1). Illos vero in Dei servitio et divina pagina, pro capacitate animi eorum fervore caritatis accensi, satis

(1) La copie des Blancs-Manteaux porte : « labor*is* et divin*i* offic*ii* », — version certainement fautive.

commode, quasi bonus magister, in loco qui nunc dicitur *Cathedra sancti Maudeti*, vigilanti cura absque ullo tædio instruebat.

11. — Cum itaque prædicti discipuli, sub doctrina et obedientia sui doctoris spontanea voluntate suppositi et ad obediendum ei in omnibus parati sapienter, Spiritus Sancti gratia cooperante, in eumdem locum jugiter convenirent et solito more suæ lectioni intenderent, contigit quadam die, absente magistro suo, quod quidam dæmon quem Britones *Tuthe* appellant coram eis apparuit in specie marinæ belluæ satis turpis et aspectu horribilis : qui eis illudens nimium tam in lectione quam in oratione perturbavit. Quod totum, eadem die, postquam dæmon recesserat, discipuli ex ordine sancto Maudeto magistro suo retulerunt ; qui, respondens eis quod nobis omnibus dicendum est, ait : « Vigilate et orate, quia adversarius vester diabolus tanquam leo rugiens circuit, quærens quem devoret. Cui resistite fortes in fide. » Adversarius prædictus, cujus natura est a malo proposito velle suo numquam se alienare, quotidie ita discipulos vexabat. Sanctus vero [**Ms. p. 864**] Maudetus, vigiliis et orationibus pro se et pro suis discipulis jugiter insistens, ardenti cura omni hora insidiabatur, ut si quando demonem ad discipulos venientem videret.

12. — Qui dum ita anxius in ostio sui oratorii quadam dei staret orando solito more, prædictum diabolum versus *Cathedram* vidit ambulantem, statimque, oratorio relicto, celeri passu pergens secutus est eum. Quem dæmon intuens ad se venientem, relictis discipulis et eorum studio, versus meridianam plagam quam citius potuit fugam arripuit, mareque ibi intrans per illud natavit quoad usque apicem scrupulosi saxi maximi adeptus est. Vir Dei prædictus, celeberrimis virtutum armis indutus, illum tandiu insecutus est donec venit ad quemdam lapidem a dextra parte oratorii sancti Bothmaeli, relicta via intrantibus insulam : juxta quam (1) stans, valde

---

(1) « Quam » Blancs-Manteaux, mieux vaudrait « *quem* », se rapportant à « lapidem ».

longe in mari super cacumen prædicta saxi dæmonem seden-
tem respexit. Qui mox dextra valida lapillum a terra sumens,
tota corporis virtute, Dei confidens auxilio, versus dæmonem
projecit, ipsumque ita vituose percussit, quem a saxo præcipitavit, numquam postea alicui fidelium appariturum. Lapillus
vero ille, de quo eum interfecit, in maximo honore tenetur,
et habetur in custodia cum reliquiis sancti Maudeti.

LECTIO VII.

Lectiones sequentes de homilia in Evangelium : « Homo quidam
peregre proficiscens » (Math. xxv, 14), *in qua hæc habentur
inserta :*

LECTIO VIII.

13. — Quidam maligni et perversi prædones Trecoriæ
consilium inierunt, ut totam prædam munitionis ipsius (1) de
Trevechnou undique caperent et pro libito suo int.. se
dividerent. Quod, suæ tirannidi satisfacientes, non diu distu-
lerunt, sed sine mora sicuti prius conspiraverant unanimiter
opere compleverunt. Collecta itaque ab impiis ex omni parte
præda, ingens clamor et lugubris et miserabilis, implens
montes et valles, attollitur ad cœlum pauperum et orphanorum
ac viduarum, clamantium et dicentium : « Sancte Maudete,
confessor Christi inclite, redde nobis prædam, justitiam nobis
faciens de injuria a crudelibus raptoribus tam nobis quam tibi
ipsi infra munitionem tuam absque merito illata. » Dum itaque
talis clamor et talis tumultus inter pauperes pro amissione
rerum suarum ageretur, prædicti prædones calore solis fer-
ventes, siti mirabili coacti, quendam de armigeris ad fontem
prædicti sancti, qui prope erat, propter aquam, ut sitim
nimiam extinguerent, celeriter transmiserunt.

14. — Qui dum ad fontem perveniret et ab equo suo se
inclinaret ut cadum suum de aqua impleret, statim, virtute
divina cooperante quæ nunquam suos in necessitate obliviscitur,
ignis mirabilis de fonte coram omnibus super eum prosiliit,

(1) « Ipsius » i. e. sancti Maudeti.

atque in eodem loco juxta fontem ipse et equus suus et cadus
quasi ligna sicca ardere cœperunt, ibique tali modo perierunt.
Quod videntes, prædones mirabiliter stupefacti, relicta tota
præda, quidam nudis pedibus humiliter ad oratorium sancti
Maudeti, lugentes et gementes et ejus misericordiam implo-
rantes, perrexerunt ; quidam quasi amentes in fugam versi
sunt, voventes Deo et sancto Maudeto quod nunquam in vita
sua in cimeteriis vel munitionibus ejus alicui injuriam
inferrent.

LECTIO IX.

15. — Pro quo Omnipotens tale miraculum, ad laudem et
gloriam nominis sui, inter insulam et terram quæ vocatur
Landa Maudeti in medio mari operari dignatus est. Dum
igitur quadam die in insula ignis deficeret, sanctus Maudetus
sanctum Bothmaelum discipulum suum, retracta maris
inundatione ut cotidie fit ibi Dei dispositione, ad prædictam
terram magnam propter ignem transmisit, ut cum eo divinum
officium ageret et ut vitæ necessaria præpararet. Puer vero,
magistri sui obtemperans præceptis, quam citius potuit ad
magnam pervenit tellurem.

16. — Qui cum intraret priorem quam aspexit domum,
mulierem quandam lac suum calefacientem intra eam invenit.
Ipsam salutavit et ab ea cum magna devotione ad opus
magistri sui ignem postulavit. Quæ respondens puero
[**Ms. p. 865**] ait : « Non tibi ignem dabo nisi in panno tuæ
tunicæ assumas et sic tecum deferas. » Puer autem ejus
sermonem audiens, summa alacritate : « Libenter » ait. Tunc
autem mulier absque ulla mora, pueri audaciam admirans,
infra pannum tunicæ ipsius ignem apposuit. Ille celeri passu
versus insulam iter arripuit. Cum itaque ad medietatem itineris
pervenisset, a fluctu maris undique circundatus, propter mortis
timorem summitatem unius lapidis stantis in via petivit,
ibique sedens quasi in quadam sella preces fudit ad Deum ut
cum a maris liberaret periculo. Similiter sanctus Maudetus
in insula faciebat, qui cum in tanto mortis timore positum
aspiciebat.

17. — O quam gloriosus, quam admirabilis Creator increaturis ! quia quanto mare altius elevabatur, tanto lapis sub puero supra mare in altum divina pietate crescebat, nec ei nocere valebat. Tamdiu itaque super hanc lapidem quievit, donec, retracto mari, ad insulam cum maximo pervenit gaudio. In cujus adventu, ultra quam dici potest suus magister gavisus est et socius ejus Tudius de igne quem in panno tunicæ ipsius illæso conspiciciunt et de miraculo in mari prius viso, intelligentes quod vas electionis Dei erat. *Tu autem.*

FINIS.

Hæc ex Legendario Trecorensi.

Officium sancti Maudeti cum lectionibus propriis, eodem sensu qui supra, habetur 18 Novembr. in veteri Breviario Leonensi (1).

(1) Dans le vol. 38 des Blancs-Manteaux, les notes finales imprimées ici en italique, la note qui remplace la leçon vii, le texte des leçons viii et ix sont de la main de dom Brient. Tout ce qui précède est de la main d'un copiste.

II.

DEUXIÈME VIE DE S. MAUDEZ [1]

VITA SANCTI MANDETI.

1. — [**Ms. f. 36**] Non de modulo scientie mee confisus, sed de mirifica virtute Spiritus Sancti qui quando vult et ubi vult pectus aridum et exangue dono gratie sue inbuit et illustrat, nugis et ambagibus abjectis, veridice traditioni sanctorum Patrum innitens, pauca de vita et de miraculis gloriosi confessoris Mandeti posteris legenda proferam in commune : pauca dixi, quia nec lingua nec lictera tot et tanta miracula, que virtus divina per merita beati Mandeti operata est, sufficit explanare.

LECTIO PRIMA.

2. — Beatus igitur de Ybernia extitit oriundus, regis illustris Erchlei nomine et Getuse regine filius : qui Erchleus et Getusa novem habuisse filios leguntur, membris integros, adolescentes mire pulchritudinis et speciosos. In quibur, dum mater affectu dulcissimo delectaretur, et dum maternus animus inter spem et timorem deterioris eventus vacillaret, dixit regi viro suo : « Domine, grates et gratiarum actiones tenemur reddere Creatori nostro, qui nobis novem liberos per desiderium anime nostre concessit habere ». Erat autem Guetusa pregnans et proxima partui. Unde Spiritu Sancto suscensa petiit a viro suo ut partus suus decimus, in decimatione aliorum partuum, ad serviendum suo Creatori dicaretur ; si masculus esset, regule monastice, si femina,

---

(1) Bibliothèque publique de la ville d'Orléans, ms. n° 330 (anc. 270), fol. 36 à 43, écriture du XIVᵉ siècle.

sanctimoniali religioni traderetur. Tam sancte et tam honeste petitioni leto animo pater acquievit.

3. — Adveniente autem tempore partus, peperit masculum Guetusa, cui nomen adaptatum est Mandetus. Qui, cum post teneritudinem cunabuli excrevisset, cure et sollicitudini abbatis oblatus est, scientia licterali et religione imbuendus, ut votum quod voverant parentes Domino solveretur. Sed quibus et quot et quantis virtutibus sub regula religiose discipline beatus Mandetus claruerit, non est nostre facultatis explicare.

LECTIO II.

4. — Puerilis igitur documenti sensibiliter [**Ms. fol. 37**] percepto indicio, et suos cœtaneos scolastice custodie mancipatos brevi temporis spacio transcendit, atque ad liberalium artium rudimenta statim multiplici studio convolavit. Quippe quem Dei voluntas et gratia inspirabat, ad culmen studii absque ullo impedimenti obstaculo pervenire leviter poterat. Perceptis vero liberalium artium disciplinis, ut jam prenotavimus, pre suis contemporaneis, divine pagine lectioni se mancipavit ac florente studio ad Novi Veterisque Testamenti documenta, ita ut esset doctor comprovincialium, sagaci ingenio leviter pervenit.

5. — Utraque autem scientia sepedictus Dei famulus satis habunde repletus, incomparabili sanctitatis luce decoratus et miraculorum gloria sublimatus Dei dilectus, omnibusque credentibus ad quorum audientiam fama ejus perveniebat acceptabilis, effulsit. Dei namque omnipotentis ineffabilis bonitas per suum electum famulum mirabiles et innumerabiles virtutes operari dignata est, cecos illuminando et paraliticos curando variisque infirmitatibus relevando : quarum virtutum frequentia, tam in hac terra quam in alia, sancti viri fama extitit divulgata. Cum autem provecte etatis esset, obedientie patris abbatis satisfaciens, moribus et scientia multum clarus, ad sacerdotii gradum sublimatus est.

LECTIO III.

6. — Defuncto autem abbate monasterii sub quo degebat

Mandetus, subsecutus est tractatus de substitutione abbatis. Unanimes conclamant et consensus universalis conventus ad eligendum Mandetum in abbatem convenerunt, tum quia ipse elegans et honesta persona, discreta, religiosa et nobilis, utpote proles regia, pollebat ; preterea, quod ab re est, provisa est utilitas monasterii, quum ille qui regis erat filius, regiam majestatem redolens, contra inimicos sancte matris Ecclesie elemosinas et possessiones monasterii defensaret. Accidit itaque quod flagellum Domini, cui nemo potest dicere : « Cur ita facis ? » in regione illa aggravatum est in tantum quod [**Ms. fol. 38**] nec regi nec regine nec eorum filiis pepercit immanitas ire Dei.

7. — Defunctis autem heredibus qui de lumbis regis et regine processerant, solus Mandetus abbas regis filius, cui mors pepercerat, supervixit. Vacante itaque regno sine lege et regis regimine, multifarie multisque modis turbata est barbaria regionis illius. Erat autem quidam in remotis partibus existens, qui se asserebat heredem regie dignitatis : qui, congregata multitudine armatorum, ad regnum quod fuerat Herclei regis, advecta secum filia sua virgine speciosa, properanter accessit, volens obtentu propinquitatis vel matrimonio filie sue et Mandeti sibi regnum vendicare. Quod videntes et attendentes principes et majores regni, inito et habito consilio, Mandetum, utpote regis filium et verum heredem, in regem sibi elegerunt, et accedentes ad monasterium invitum et renitentem, ut regiam assumeret dignitatem, extraxerunt.

LECTIO IIII.

8. — Ille vero in thesauro conscientie sue observans que Dei sunt, a petentibus illis petiit inducias unius diei et unius noctis, ad deliberandum quid secundum Deum fieri posset in casu illo. Cui vix concessum est postulatum. Mandetus vero, nullum aliud subterfugium ad declinandam pumpam seculi et gloriam mundi, quam sibi pessumdare proposuit, sperans se habiturum preter Deum, ad Deum, quem elegerat et quem sibi fecerat advocatum in causa illa, obnixas orationes ad

Deum effudit et devotas, ut in tantum corpus suum probrosa
et horribili infirmitate inficeret quod illis omnibus qui eum
elegerant in rengem esset odilbilis et displiceret virgini quam
pater suus volebat sibi desponsare.

9. — Cujus peticioni divina clementia non defuit, quum
in eadem nocte caro ejus tam vehementi lepra infecta est
quod strumulis et vesicis et sanie defluente totum corpus ejus,
quod prius nitidum erat et aspectu delectabile, factum est
horribile ad videndum. In crastino autem convenerunt omnes
et pater virginis cum filia sua, qui sibi volebant vendicare
regnum ratione propinquitatis [**Ms. fol. 39**], et qui pro bono
pacis desponsaverat filiam suam Mandeto : visa deformitate
ipse et filia sua et omnes alii, tanquam vilem, probrosum et
inutilem dimiserunt.

LECTIO V.

10. — Nocte vero sequenti, per virtutem Dei caro Mandeti
restituta est pristine sanitati, ita quod omnibus intuentibus
eum visus est in duplo sanior, pulcrior et elegantior quam
unquam fuerat. Itaque vir Dei, videns circa se divine virtutis
opera claruisse, ne, recuperata sanitate, iterum ad regnum et
ad pompam regie majestatis traheretur, ubi periculum animarum
videbat imminere, conventui suo supplicavit et petiit ut sibi
vehiculum navale pararetur cum modicis necessariis sine
dilatione. Cui concessum est postulatum. Mandetus statim
cum duobus sociis, Bodmaelo scilicet et Thudeto, intravit
naviculam et, aure clementia ductus in Minorem Britanniam,
appulsus est ad portum qui dicitur *Banniged* in britannico,
latine vero *Portus Benedictus*, et in vico qui dicitur *Lesheluan*,
in frutetis, divo et aeris inclementie expositi, ipse et socii
ejus, herbis et radicibus crudis et aqua frigida ab eo qui dat
escam omni carni sustentati, aliquandiu traxerunt vitam.

11. — Contigit interim quod venatores Daeg comitis, qui
tunc sub christianissimo Gilberto rege Francorum in sinu
Armorico minoris Britannie regnabat, transitum habuerint
preter fruticosum tugurium in quo vir Dei cum sociis suis
orationi vacabat. Qui misericordia moti diligenter quesierunt

qui et unde erant, et quare et ad quid appulsi erant illi terre.
Venatores, audita veritate, nuntiaverunt domino suo statum
et modum virorum Dei. Comes vero Daeg jubet Mandetum
et socios suos ad se accersiri. Qui, causa eorum itineris
cognita, disposuit ut provideretur eis in necessariis et ad
edificandum domicilium et oratorium ; homines adjacentes
illi terre, que dicitur *Lesuanalec* [**Ms. fol. 40**] in britannico,
latine vero *Curia Miriceli*, precepit victualia ministrare.

LECTIO VI.

12. — Factum est autem ut, dum viri Dei circa edificationem
insudarent sui cenobii in sumptibus dicti comitis, qui per
sanctam conversationem beati Mandeti et suorum fervore
charitatis estuabat, duo filiio sepedicti comitis pueriliter
ludentes juxta cellulam monachorum ad signa opposita sagitta-
bant, facie unius ad faciem alterius conversa; sed sinistro casu
manus alterius incaute erravit et oppositum fratrem sagitta
perforavit. Et mortuus est. Et statim puer severi patris
iracundiam declinans, ad latebras nemorum fugit et latuit in
condensis.

13 — Comes vero conclamationem et ejulatum populi
audiens accurrit, et videns filium suum mortuum, amens et
dolore plenus, alloquutus est beatum Mandetum verbis mina-
cibus in nunc modum : « Si verum est quod omnipotentis
Dei famulus verus es, modo experiar. Si suscitaveris filium
meum et revocaveris fratrem ejus michi qui metu verberis
latitat inter feras, ampliabo terminos tuos, et Deum cui servis
toto mentis affectu venerabor. » Sanctus vero Mandetus, cor,
oculos et manus cum summa devotione ad Deum erigens, exauditus est ab eo, ita quod filius sagittatus qui fuerat mortuus
revixit, et ad vocationem suscitantis, precipiente beato Mandeto, frater egressus de nemore letificavit patrem suum.
Comes igitur, viso tam evidenti miraculo, dixit beato Mandeto :
« Quodcumque vis pete a me, quia nullam patiere repulsam. »

LECTIO VII.

14. - Beatus itaque Mandetus, locum solitarium et anaco-

ritis (1) ydoneum eligens, petiit ab eo sibi dari insulam *Venenosam* tunc temporis appellatam, que modo appellatur *Gueltenes*, quod interpretatur *Insula meliorata* (2). Cui comes dixit : « Vir bone [**Ms. f. 41**], insula illa inhabitabilis est, utpote fructectis et monstruosis vermibus et venenosis repleta, et idcirco non petis tibi locum utilem et fructuosum. » Cui vir Dei dixit : « Contentus sum illo loco, et nichil aliud peto in presenti. » Concesso itaque postulato sibi, beatus Mandetus, Studius et Botmaelus ad insulam illam transfretare disponentes, quemdam piscatorem rogaverunt ut ferret eos ad locum horribilem, navigio.

15.— Quibus piscator ait : « Nolo sponte incurrere mortem meam , quia noveritis quod locus ille inaccessabilis est et inhabitabilis, utpote infectus venenosis. » Cui sanctus : « Fer, inquit, nos usque ab aliquod saxum, de quo post refluxum maris siccis pedibus ad illum locum accedere possimus. » Piscator, desiderio sancti satisfaciens, ad magnum et arduum saxum tulit eos et dimisit. Sanctus vero, de virtute omnipotentis Dei confisus, a Domino postulavit ut insula illa incendio purgaretur. Cujus petitioni clementia Dei non defuit, quia et frutecta et vermes omnes vis incendii usque ad interiora radicum in cinerem convertit. Adjecit enim virtus Dei, cui ventus et mare obediunt, quod impulsu venti validissimi fluctus Oceani in tantum tumidi excreverunt quod totam insulam abluerunt : ita quod nichil ibi comparuit preter sabulum et superficiem terre.

LECTIO VIII.

16. — Tot et tantis miraculis longe lateque divulgatis, ad videndam insulam miraculose purgatam, ad desideratam faciem sancti Mandeti intuendam, populi de prope et de longinquis partibus confluxerunt : ubi egroti, et maxime fistula et vermibus infecti, per merita sancti Mandeti usque in hodiernum

---

(1) « Anacoricis » Ms. faute.

(2) Pour justifier cette traduction, il faudrait *Gwel-enès* ; en breton *gwell* veut dire « meilleur », *énès*, « île ». Au contraire, en gallois, *gwyllt*, qui se prononce *gwell*, signifie « sauvage ».

diem sanantur. Sed generis humani hostis antiquus quemdam
reprobum angelum suum misit, qui vulgo *Cuche* appellatur,
ad perturbandum [**Ms f 42**] edificatores et edificia sancti loci.
Absente enim sancto Dei, quidquid de die edificabatur de nocte
demon destruebat, et de die monachis illudens ab orationibus
cessare faciebat. Quo comperto, vir Dei, quia justus ut leo
confidit, et persecutus est demonem illum et, correpto lapide qui
usque hodie inter reliquias sancti Mandeti venerabilis habetur,
de cacumine cujusdam scopuli percussum demonem preci-
pitavit in mare, ita quod deinceps malitia demonis in illa
insula cessavit per gratiam virtutis Dei.

17. — Hoc insuper non est silentio transeundum quod,
dum beatus Mandetus in insula illa sacrum mysterium cele-
braret, ignis extinctus est in loco sancto, et ad ignem expe-
tendum Botmaelus destinatus est ad terram magnam. Qui,
sancti patris precepto satisfaciens, de prima domo que sibi
competentior visa est ignem petiit, in qua mulier lac suum
decoquebat, que dixit sancto discipulo viri sancti : « Non
dabo tibi ignem, nisi tuleris eum in birro tuo. » Famulus
Dei intrepidus et de meritis sancti Mandeti confisus, accepto
igne in panno suo, ad insulam celeriter properabat. Et ecce
fluxus maris iter suum in tantum impedivit, quod eum oportuit
ascendere in quendam lapidem. Qui lapis, per merita et
orationes beati Mandeti qui discipulum suum periculo maris
occupatum aspiciebat, in tantum excrevit, sicut Domino pla-
cuit, quod sublimavit Botmaëlum illesum a fluctibus, donec
refluxus maris ad alveum suum reversus pervia fecit littora
ambulantibus per siccum. Quo facto, Botmaelus cum igne in
panno suo miraculose deportato se sancto Mandeto presen-
tavit, et rei geste seriem referens, Deo gratiarum reddidit
actiones.

LECTIO IX.

18. — Insuper recitabile est et dignissimum relatu quod,
edificato monasterio et ab episcopis Britannie solemniter
dedicato in insula Gueltenes, crebrisque miraculis Dei per
sanctum suum Mandetum evidentissime declaratis, sepedictus

Daegus comes et magnates [**Ms f. 43**] terrarum terras, possessiones et predia ad edificanda cenobia, in quibus monachi sancti Mandeti servicium Dei celebrarent, fervore charitatis accensi et absque tributo censuali dederunt et concesserunt Santo Mandeto. Sanctus autem Mandetus, nisu toto anhelans ad amplianda patrimonia Crucifixi, habitacula multa fecit, in quibus et habitatores sub tuitione et monachali municione instituit. Sed dum quedam villa ipsius, que in britannico vocatur *Lesuuanadleg*, latine vero *Curia Miriceti*, pluribus bonis habundaret, invidia (qua Siculi non invenere tyranni majus tormentum) multitudinem raptorum excitavit ad diripienda bona ville memorate.

19. — Sed, sublato clamore passorum injuriam ad Deum et cum summa devotione auxilio beati Mandeti invocato, dum predones spolia sua dividerent juxta locum, ut sitim suam extinguerent, quemdam armigerum suum cum cado ad fontem santi Mandeti miserunt. Qui dum aquam hauriret, per virtutem divinam contra naturam elementi ignis ascendit de fonte, et accendit armigerum et equum et cadum in momento. Viso itaque tam evidenti miraculo, predones confusi et exterriti possessoribus suis in integrum restituerunt ablata, et sese condempnantes super violenta invasione terre sancti Mandeti, ad sanctum celeriter concurrerunt, et veniam perpetrati delicti postulantes, fusis lacrimis, tactis sacrosantis (*sic*), juraverunt quod deinceps terras et munitiones sancti Dei defensarent et venerarentur sanctum cunctis diebus vite sue.

20. — Cum autem vir Dei in lucta contra tres hostes humani generis obtinuisset victoriam, completo feliciter vite curriculo, in monasterio suo apud sepedictam insulam beato fine quievit ibique sepultus est. Per cujus merita et nunc et semper devotis fidelibus, per virtutem et gratiam Spiritus Sancti, egritudinum remedia tribuantur. Decessit autem quarto decimo kalendas Decembris, quo die ejus festi sollempnitas celebratur.

III.

TRÈS ANCIEN OFFICE DE SAINT MAUDEZ (1)

[**Ms. fol. 463.**] DE SANCTO MAVDETO

[AD Iᵃˢ VESPERAS.]

Capit. Justus cor suum.

R. — Maudetus est venerandus,
Lux, splendor Ybernie,
Et per Christum adorandus
Rex celestis glorie,
Laudandus, egris letandus
Qui dat vim leticie.
Maudeti per sollempnia
Nobis dentur gaudia eterna.

V — Virtutum crevit pia
Nobis (2) ejus copia ;
Venia, prece previa (3),
In celesti gloria
Maudeti [per sollempnia].

YMNVS.

Maudeto votum voventes,
Predones malicie
Stupefacti sunt videntes
Mirum fontis patrie ;
Lugentes atque gementes,
Locum poscunt venie.

✕

Maudetum chorus gencium
Minoris Britangnie
Collaudat, et consorcium
Predonum invidie
Nimium infortunium
Flet sue (4) milicie.

✕

Maudete, pater patrie,
Minoris Britangnie
Splendor, apex Ecclesie,
Dona locum venie ;

Hodie loca glorie
In celesti serie.

✕

Maudeto te deprecante,
Deus, nobis consule.
In regno te collocante,
Famuli tui familie
Stantes simus et letantes
Singuli quam singule.

✕

Sit Trinitati gloria,
Laus, honor, victoria.
Maudeti prece previa,
Nobis detur venia.
Gratia Christi conscia,
Loca nos in secula.
Amen.

---

(1) Breviaire de Tréguer, ms. du xvⁿ siècle appartenant à la bibliothèque du Séminaire de Tréguer, fol. 463 à 465 Vº.

(2) Le ms. porte · « Virtutum *nobis* crevit pia ejus copia » ; mais *nobis* est biffé à tort ; il est nécessaire au sens et à la mesure ; il faut seulement le reporter après « pia ».

3) Ms. « *premia* » — faute.

4) Ms. « *suum* milicie » — faute.

V. Amavit eum Dominus.

Antiph. Felix locus, felix ecclesia,
Que Maudeti viget memoria ;
Felix terra qua sanctus prodiit,
Felix illa qua mortem subiit.
Felix pater, succurre miseris,
Ut felices jungamur superis.

P. Ma.

Oracio. — [**Ms. fol. 463 v°**] Sit (1), quesumus, Domine, Maudetus abbas nostre fragilitatis adjutor, et pro nobis supplicans copiosius audiatur, et famulos tuos ab omni adversitate custodi. Per.

[AD MATVTINAS].

Invitatorium. — Dominum Deum adoremus,
Ore collaudemus,
Gaudeamus et letemur,
Ut Maudetum veneremur.

YMNVS.

Maudete, sacer, inclitus,
Natus ex Hybernia,
De regno puer genitus,
Illustri prosapia
Preditus, Christo deditus
Infans ab infancia.

×

Maudeti, rex, per merita,
Christe, redde debita,
Et gregem tuum visita
Pietate solita.
Inclita reddatur vita
Nobis prece debita.

×

Maudeto cedunt omnia :
Preces sedant Stigia (2) ;
Cetus vermium discedunt
Sancti voce propria ;
Sibi cedunt et accedunt
Egrorum consorcia.

×

Maudetum tota gencium

Plebs laudat Hybernie ;
Pressum ferro consorcium
Vinclis solvit patrie ;
Omnium cetus gencium
Sanat dono gracie.

×

Maudete, genitor pie,
Opem nobis porrige ;
Sancte doctor egregie,
Nostra mala corrige ;
Gloriose (3), rege pie
Nos, in viam dirige.

×

Maudeto, Christe glorie
Rex eterne, tribue,
Precante, nobis venie
Locum, et nos instrue
[In sede] celi patrie (4) :
Penam mortis destrue.

×

Sit Trinitati gloria
Etc ...

(1) Ms. « *Fit* » — faute.

(2) Ms. « *Vestigia* » — faute.

(3) Ms. « *glie* » avec l'abréviation ordinaire de « *glorie* » — faute. « Gloriose » est un vocatif qui s'adresse à saint Maudez.

(4) Le copiste a omis par mégarde les mots « In sede, », nécessaires pour le sens et pour la mesure.

In Io Noctvrno.

Antiph. — Gaudeat Hybernia, terra transmarina,
Per quam morbis omnibus datur medicina.

Ps. — Beatus vir.

Ant. — Gaudeat Occeanum, gaudeat et cymba (1)
Que fuit vehiculum : gaudeat plebs tota !

Ps. — Quare.

Ant. — Gaudeat Britangnia, gaudens laudet Deum,
Qui Maudetum renitet (2) et custodit eum.

Ps. — Domine quid.

V. — Voce mea.

[*Lectio Ia*]. — Post Passionem Domini nostri Jhesu Christi (3)...

R. — Hic Maudetus, Hybernia,
Ex illustri prosapia,
Decimatus est ab infancia.

V. — Deo datur Maudetus hostia;
Crescit ejus virtutis copia.
Decimatus ..

[*Lectio II*]. — Inter quos sanctus Maudetus, abbacia preditus...

R. — Decem annos bis non compleverat,
Jam coetaneis in cunctis preerat
Liberales artes didicerat.

V. — Testamentum utrumque noverat;
Novum, Vetus totum perlegerat
Liberales....

[*Lectio III*]. — Regali itaque stemmate oriundus fuit...

R. — Litterarum adeptus studia,
Digna Deo reddit obsequia
Promerendo regna celestia.

V. — Per Maudeti sacra sollempnia (4)
Mereamur eterna gaudia.

In IIo Noctvrno.

Antiph. — Sanctus adhuc juvenis, clam ciliciatus,
Carne carnis forcior edomat conatus.

---

(1) Ms « et loin » — faute évidente

(2) « *Renitet* » est ici verbe actif · « Qui Maudetum *renitet* », qui fait briller Maudez.

(3) Le texte de ces leçons étant identique à celui de la Vie trégoroise de S. Maudez, publié ci-dessus p. 202-203, nous nous bornons à donner ici les premiers mots de chaque leçon.

(4) Le ms. porte : « Per Maudeti *regna celestia* sacra sollempnia mereamur eterna gaudia ». — Le sens et la mesure montrent que « *regna celestia* » est une superfétation, due à quelque distraction du copiste et qui doit être supprimée.

Ps.   Cum invoc.

Ant. — Cultor agri Domini tribulos evellit,
      Et vepres a vineis arcet et expellit.

Ps. — Verba.

Ant. — Nec magnos sustinet lupos desevire,
      Nec in ortum olerum tineam (1) transire.

Ps. — Domine, dominus noster.

    V. — Amavit eum Dominus.

[*Lectio IIII*]. — Prenominati (2) igitur parentes, regali nobilitate prepollentes...

[**Ms. fol. 464 v°**] R. — Transfretavit, relicta patria,
      Totum mare dedit obsequia ;
      Applicatur in hac Britangnia.

      R. — Per Maudetum divina gratia
      Cuncta nobis abstergat crimina (3).
      Applicatur...

[*Lectio V*]. — Puerilis documenti (4) sensibiliter percepto (5) indicio...

    R. — Insula sit locus odibilis,
      Propter vermes inhabitabilis ;
      Per Maudetum redditur habilis (6).
    V. — Vermes fugat prece vir humilis,
      Exhinc locus est habitabilis.

[*Lectio VI*]. — Perceptis (7) vero liberalium arcium disciplinis... sagaci ingenio leviter pervenit (8).

    R. — Gaudeat nunc Minor Britannia,
      Recensendo sancti sollempnia,
      Ut illius per patrocinia
      Possideat celorum menia.

    V. — O Maudete, tua preconia
      Qui atollit per tua merita

---

(1) Ms. « *Vineam* » — faute.

(2) Ms. « Frenominati » — faute.

(3) Ms. « *gra* » avec l'abréviation ordinaire de « *gratia* » ; — faute pour « *crma* » avec l'abréviation de *crimina*.

(4) Ms. « *documentis* — faute.

(5) Ms. « *precepto* » — faute.

(6) Ms. » *humilis* » — faute évidente.

(7) Ms. « *Preceptis* » — faute.

(8) Là s'arrête la partie de la Vie trégoroise de S. Maudez reproduite par les leçons du bréviaire du Séminaire de Tréguier ; ces six leçons correspondent aux deux premières de la Vie trégoroise ; voir ci-dessus p. 202-203.

Consequatur, percepta venia,
Celorum [menia].

In IIIº Nocturno.

[*Antiph.*]. — Terra cimiterii, fonti dum miscetnr,
　　Si pertacta (1) fuerit, vermes expellentur.

　Ps. — Domine, quis.

　Ant. — Convolant ad insulam plurimorum cetus,
　　Sanat omnes languidos precibus Maudetus.

　Ps. — Domine, qui in virt'.

　Ant. — Exuit hic hominem, corpus sepelitur,
　　Ossa jacent : cum illo virtus [**Ms. fol. 465**] non finitur.

　Ps. — Domini est terra.

Secundum Matheum. — In illo tempore dixit Jhesus discipulis suis : Homo quidam peregre proficiscens vocat servos
suos (2). *Et cetera ut in communi, cum tribus respons. sequentibus.*

　R. — Ferro (3) pressos Maudetus liberat,
　　Vincla (4) solvit et seras reserat,
　　Sanat egros (5), demones superat.

　V, — Placat bella, tyrannis imperat,
　　Sedat fluctus et flammas temperat,
　　Sanat...

　R. — Sancto cedunt et parent omnia,
　　Pestes, morbi, mors et demonia,
　　Ignis, aer, tellus et maria.

　V. — Mundum replet Maudetus gloria ;
　　Mundus ei prestat obsequia,
　　Ignis...

　R. — Jhesu, genu cui omne flectitur,
　　A quo sancto Maudeto noscitur
　　Datum ut, qua corpus reconditur (6)
　　Ejus, terra nullum admittitur
　　Venenosum, sed statim moritur :
　　Per merita igitur Maudeti,

(1) Ms. « *pertata* » — faute.
(2) Saint Mathieu xxv. 14. Les trois dernières leçons de cet office étaient prises de l'homélie
sur cet évangile ; cf. ci-dessus p. 207.
(3) Ms. « *Feno* » — faute.
(4) Ms. « *Vincula* » — faute ; la mesure exige *Vincla*.
(5) M. « *errores* » — faute.
6) Cette expression semblerait indiquer qu'au moment où ce répons a été composé, le corps
entier de S. Maudez était encore dans sa sépulture primitive d; l'île Modez ; nous reviendrons
sur cette question dans notre Commentaire historique.

Pelle vermes quibus mens (1) leditur
Nostra semper et interficitur.

R. — Ab eorum nos tollas igitur
Consorcio, quorum non moritur
Vermis, ignis nunquam extinguitur :
Per merita...

Ps. — Te Deum.

V. — Justus germinabit.

IN LAVDIBVS.

Antiph. — Maudetus insula jacet tumulatus (2),
Per terrarum spacia late declaratus.

Ant. — Omnes ibi convolant, omnes gratulantur,
Ceci, claudi, debiles, languidi sanantur.

Ant. — Fame, siti pereunt milites in monte,
Quos ibi Britannie dux obsedit sponte.

Ant. — Furtim currit armiger, haurit aquam (3), fontis ;
Ardent, fonte frigido, membre redeuntis.

Ant. — At quot egit miracula lingua nescit fari,
Scribere vel digitus aut cor meditari,
Velud pulvis calculo fugimen (4) ligari.

Cap. — Iste cognovit.

V. — Justus ut palma.

Antiph. — Maudetus est decimatus
Infans, ab infancia
A patre Christi speratus
Verax esse hostia ;
Amatus et non cognatus (5),
Libens petit studia.

Ps. — Benedictus.

Oratio ut supra

---

(1) Le ms. porte : « quibus leditur nostra *mens* » ; — la mesure exige la transposition de
« *mens* » entre « quibus » et « leditur »

(2) « Maudetus insula *jacet tumulatus* ». La présence du corps de S. Maudez dans la sépulture de l'île Modez semble encore nettement attestée ici, plus nettement même que ci-dessus dans le dernier répons du 3ᵉ nocturne ; voir sur ce point notre Commentaire historique.

(3) Ms « *aqua* » — faute.

(4) On ne peut lire que « *fugimen* » mot barbare, mais le sens ne semble pas douteux · « *pulvis fugimen* », c'est la fuite de la poussière, la poussière qui s'enfuit et qui s'envole. Dans la bonne latinité, le génitif de *pulvis* est *pulveris* ; mais au moyen-âge, et aux prises avec les exigences de la mesure, on n'y regardait pas de si près.

(5) Ms. « *cognatus* » — faute probable pour « *coactus* »

AD HORAS.

Antiphone de Laudibus.

AD [II^{as}] VESPERAS.

Ultima antiphona de Laudibus, et cetera ut supra.

YMNUS.

Maudeti clinguis fatur
　Ad ipsius tumulum (1) ;
Cecus videt et letatur
　Narrando miraculum ;
Datur gressus, nec moratur,
　Laudare [**Ms. fol. 465 v°**] no-
　vit sanctum.

×

Maudeto (2) cetus cecorum
　In (3) obviam properat ;
Lumen reddit oculorum,
　Quovis morbo liberat ;
Chorum sanat infirmorum
　Et dolores temperat.

×

Maudetum turba militum
　In perna (4) milicie
Laudat per bellum inclitum
　Comitis Britanie :

Subditum ? verna creditum
　Fert ad fontem patrie.

×

Maudetum clamat hauriens
　Aquam (5) fontis famulus,
Artus ardent, fit rediens,
　Viris narrat credulus ;
Siciens flet obediens
　Miro chorus sedulus.

×

Maudeto intercedente,
　Rex, succurre miseris ;
Nate, matre deprecante,
　Serva nos ab inferis ;
Te dante et concedente,
　Locet nos cum superis.

×

Sit Trinitati...

V. — Justus germinabit.

Antiph. — Opem nobis, Maudete, porrige.
　　　　Rege stantes, jacentes erige,
　　　　Mores, actus et vitam corrige,
　　　　Et in pacis nos viam dirige,

Ps. — Sanctus.

Antiph. — O Maudete, robur Ecclesie,
　　　　Plebis amor, cleri delicie,
　　　　Salve, gregis doctor egregie,
　　　　Salva tue gaudentes glorie.

[*Ps.*]. — Magnificat,

(1) Ms. « *Ad impius tumultum* » — faute.

(2) Ms. « Maudetus » — faute.

(3) Ms. « *Id.* » — faute.

(4) Ms. » *perna* » faute peut-être pour « *pena* ». Toutefois, dans Du Cange (édit. Didot, t. V, 208) on trouve : « *Perna* (inquit Papias) *vulgo procelle de montibus* dicuntur ». — *Perna* ici peut donc être un synouyme de *procella*.

(5) Ms. « *aqua* » — faute.

APPENDICE

A. — Lectiones de S. Mandeto, ex veteri Breviario ecclesiæ Aurelianensis (1).

Lectio prima. — Beatus igitur Mandetus de Hybernia extitit oriundus, regis illustris Herculei et Getusę regine filius : qui novem habuisse leguntur filios mire pulcritudinis et valde speciosos. Dum autem Getusa proxima esset decimo partui, a viro suo petiit ut partus suus decimus in decimatione partuum ad suo serviendum Creatori dicaretur. Cujus petitioni leto animo pater acquievit.

Lectio II. — Adveniente ergo partus tempore, peperit masculum Getusa, cui nomen apatum est *Mandetus.* Qui cum post teneritudinem cunabuli excrevisset, cure et sollicitudini abbatis oblatus est, scientia litterali et religione imbuendus. Qui suos coetaneos scolasticos brevi temporis spacio transcendit atque ad liberalium artium disciplinis divine pagine lectioni se mancipavit, ita ut esset doctor comprovincialium.

Lectio III. — Utraque autem scientia sepedictus Dei famulus satis abunde repletus, cum provecte esset etatis, obedentie

(1) Bréviaire d'Orléans, 2 vol. pet. in-8°, gothique, sans date mais du commencement du XVIᵉ siècle (vers 1510), à la Biblioth. Nationale, Imprimés, *Vélins* 1616 et 1617. Les leçons de saint Mandé sont au second volume (Nᵒ 1617), aux feuillets signés *y* 6 verso. *y* 7 recto et verso. — Ces leçons sont précédées de la note suivante :

« In crastino dicti festi (i.e. S. Aniani) celebratur festum sancti Mandeti, abbatis et confessoris, in ecclesia Aurelianensi, de quo fiunt IX lectiones, totum de communi preter lectiones, et memoria de octav. sancti Aniani. Per dyocesim autem nihil fit de ipso sancto (Mandeto), sed totum de predictis octav. sancti Aniani. Sequuntur lectiones predicti sancti Mandeti. »

patris abbatis satisfaciens, moribus et scientia multum clarus, ad sacerdotii gradum sublimatus est. Et tandem defuncto abbate monasterii sub quo degebat, universalis conventus Mandetum in abbatem elegit. Accidit itaque ut flagellum Domini in regione illa aggravatum est in tantum, quod nec regi nec regine nec eorum liberis pepercit immanitas ire Dei. Defunctis ergo cunctis filiis qui de regis et regine lumbis processerant, solus Mandetus abbas supervixit.

Lectio IV. — Vacante igitur regno sine rege et regis regimine, turbata est barbaria regionis illius. Quod videntes principes et majores ipsius regni, inito consilio, Mandetum utpote regis filium et verum heredem sibi unanimiter in regem elegerunt. Et accedentes ad monasterium, ipsum abbatem Mandetum invitum et renitentem, ut regiam assumeret dignitatem, extraxerunt. Ille autem ab ipsis postulantibus unius diei et noctis petiit inducias, ad deliberandum quid secundum Deum fieri posset in casu illo.

Lectio V. — Mandetus vero orationes devotas effudit ad Dominum, ut videlicet corpus suum horribili in tantum infirmatate inficeret, quod illis omnibus qui eum in regem elegerant esset odibilis. Hujus itaque petitioni divina clementia non deficit, quoniam in eadem nocte caro ejus tam vehementer lepra infecta est, quod strumulis et vesicis et sanie defluente totum corpus ejus factum est ad videndum horribile.

Lectio VI. — In crastino vero conveniunt omnes, et visa deformitate ipsius Mandeti, eum tanquam vilem et inutilem dimiserunt. Nocte vero sequenti, per virtutem Dei caro Mandeti restituta est pristine sanitati. Itaque vir Dei Mandetus, ne iterum se ad regnum et pompam regie majestatis traherent, statim cum duobus sociis intravit naviculam, et in Minorem Britanniam appulsus est ad portum qui latine *Portus Benedictus* dicitur : et ibi in frutectis ipse et socii ejus herbis et radicibus crudis et aqua frigida aliquandiu traxerunt vitam.

Lectio VII. — Contigit interim quod venatores Daeg comitis, qui tunc sub christianissimo Gilberto rege Francorum in sinu Armorico Minoris Britannie regnabat, transitum habuerint per tugurium in quo vir **Dei cum suis sociis orationi** vacabat. Qui, misericordia moti, nunciaverunt domino suo statum et modum virorum Dei. Comes vero Daeg, causa itineris eorum cognita, disposuit ut provideret eis in necessariis et ad edificandum sibi domicilium et oratorium, et homines adjacentes illi terre precepit victualia ministrare.

Lectio VIII. — Factum est autem, dum circa edificationem sui cenobii insudarent, filii sepedicti comitis, pueriliter ludentes juxta cellulam monachorum, ad signa opposita sagitabant, facie unius ad faciem alterius versa : sed sinistro casu manus alterius incaute erravit, et oppositum fratrem sagitta perforavit : et mortuus est. Et statim puer, patris iracundiam declinans, ad latebras nemorum fugit et latuit in condensis. Comes vero, amens factus et dolore plenus, beatum Mandetum rogavit ut suscitaret filium suum mortuum, et fratrem ejus qui latitabat inter feras revocaret. Sanctus vero Mandetus, cor, oculos et manus ad Deum cum magna devotione erigens, exauditus est ab eo. Itaque filius sagitatus revixit, et ad vocationem suscitantis, precipiente beato Mandeto, frater egressus de nemore letificavit patrem suum.

Lectio IX. — Comes igitur, viso tam evidenti miraculo, quandam insulam nemorosam beato Mandeto concessit, ubi beatus Mandetus monasterium construxit, et ibidem multis miraculis claruit. Cum autem vir Dei in lucta contra tres hostes humani generis obtinuisset victoriam, completo feliciter beate vite curriculo, in monasterio suo apud sepedictam insulam beato fine quievit. Per cujus merita et nunc et semper devotis fidelibus per virtutem et gratiam Spiritus Sancti egritudinum remedia tribuuntur. Decessit autem decimo quarto Kalendas Decembris, quo die ejus festi solennitas celebratur.

Cetera de communi.

B. — Lectiones de S. Maudeto, ex Proprio ecclesiæ Leonensis (1).

In secundo Nocturno.

Lectio IV. — Maudetus, alias Mandetus, Ardæo et Getusa, Hiberniæ regibus, ortus, septimo ætatis anno ab iisdem litterariæ disciplinæ traditus fuit et divino cultui dedicatus. Cum enim novem filios ante procreassent, decimum Maudetum in gratiarum actionem decimantes, ad divinæ majestatis obsequium decreverunt educandum. Itaque, quo melius litteris operam daret sanctiusque moribus imbueretur, paternam domum reliquit. Contigit autem ut, defunctis novem fratribus, ipse a regni proceribus quæreretur, atque inventus regiæ cuidam puellæ in matrimonium traderetur invitus. Qui, virginitatem quam Deo voverat violare timens, oravit Dominum ut, immissa infirmitate, a desponsata virgine odio haberetur. Continuo, pro piæ mentis instantia exauditus, ex ægritudine a deo fœtere cœpit, ut quisque exhorresceret ad eum accedere. Hinc facile impetrata discedendi licentia, ab infirmitate paulo

(1) Tiré du *Propre de saint Pol de Léon* de 1705 (p. 243-246), dont voici le titre complet :

« *Proprium Sanctorum diœcesis Leonensis*, Romano usui accommodatum. Ex mandato D. HENRICI DE LAVAL DE BOISDAUPHIN, episcopi Leonensis, primo editum. Nunc vero illustrissimi D. D. JOANNIS LUDOVICI DE LA BOURDONNAYE, ejusdem diœcesis episcopi, authoritate recognitum. MONTIS-RELAXI, ex typographia D. P. de Plœsquellec. prope pontem de Bourret, sub signo Crucis Andreæ. M. DCC. V. »

Il y a une autre édition de ce Propre, imprimée à Saint-Pol de Léon chez Jean-Joseph Le Sieur en 1736, qui contient aussi ces leçons (p. 190 à 193). Dans ces deux éditions elles sont précédées de cette note :

« Eadem die (XXVII Nov.), extra cathedralem, officium sancti Maudeti abbatis. Semi duplex. Omnia de communi Confess. non pontif., præter ea quæ hic habentur propria. — *Oratio*. Intercessio. — *In primo Nocturno*, lectiones de Scriptura occurente. Si vero transferatur hoc officium in sabbatum Quatuor Temporum, *Beatus vir*, de eodem communi. »

post convaluit, divinaque ope conjugii necessitate expeditus, totum se divinæ servituti, quam regno prætulerat, mancipavit.

R. Honestum fecit illum Dominus.

Lectio V. — Inde, servata graduum ecclesiasticorum serie, a suo metropolitano evectus ad sacerdotium, post prædicatum diu in patria Evangelium susceptumque schema religiosum, duobus asseclis comitatus in Minorem hanc Britanniam trajecit : appulsusque ad portum Dolensi civitati vicinum, in saltuoso quodam loco substitit, aeris inclementiæ expositus, indeque ad monasterium sancti Samsonis transivit. Peragratis autem plerisque Armoricæ superioris partibus a verbi Dei præconio impletis, Lexobium advenit : ubi a sancto Tugdualo, loci tunc episcopo, benignissime susceptus, liberam inibi prædicandi licentiam impetravit, et impetratam executioni demandavit, in monasterio Trecorensi habitationis sede ab eodem donatus. Inde, non multo post, vitæ solitariæ desiderio, in locum secessit mari Britannico confinem, ubi nunc ecclesia parochialis illius sub invocatione visitur, Dolensi præsulatui subjecta, intra terminos tamen Trecorensis sita. Quo in loco ædificata capella paucisque tuguriis, diu noctuque instabat orationi. Hinc quasi ex latebris erumpente ejus fama sanctitatis, ad ipsum undequaque confluebatur pro benificiis opitulationum consequendis.

R. Amavit eum Dominus.

Lectio VI. — Cum autem eó populus magis ejus quietem interturbaret quó majora in dies operabatur miracula sanitatum : cœcos illuminando, dæmones fugando, languores quoslibet expellendo : ibi non esse consistendum existimavit. In insulam itaque quandam, leuca duntaxat Armorica a continenti Trecorensi disjunctam cum sociis properavit ; eamque sibi a comite loci concessam serpentibus innumeris et venenosis quibus scatebat herbis, fusa ad Deum prece, expurgavit. Nec sane facta gratia inanis comiti fuit : ejus siquidem filium puerum, a fratre inter ludendum sagitta transverberatum et mortuum, Maudetus, dum cœnobiolum extruebatur, vitæ restituit per orationem. Sed invidia diaboli ipsum Deo operantem diu quiete agere non permisit ; sed dire eum agressus cum superare non posset, quidquid de die ipse cum sociis extruebat nocte sequenti demoliebatur, piisque viris illudens orationes illorum impediebat. At Maudetus hac molestia se suosque liberavit, fidei magnitudine devictum* hostem expellens : quem visibiliter fugientem insecutus, in maris vorticem præcipitavit. Absoluto cœnobio, monachis vitæ innocentia, præclaris religionis exercitationibus signisque mirifice præluxit, et ibi spiritum purissimum exhalavit (1).

R. Iste homo perfecit omnia.

(1) Depuis la réforme liturgique de S. Pie V, il ne doit plus y avoir dans un office que trois leçons *historiques*, c'est-à-dire relatives à l'histoise du saint dont on célèbre la fête ; dans les offices à neuf leçons (comme ici), se sont celles du second nocturne. Pour le troisième nocturne de l'office de S. Maudez, le Propre de Léon de 1705 porte ce qui suit :

« *In tertio Nocturno.* — Homilia in Evangelium *Ecce nos*, de communi Abbatum. — *In Sabbato Quat. Temp.*, ix lectiones de homilia, et commem. feriæ in Laudibus, et Missa *Os justi* de eodem communi. — *In II. Vesp.* a capit. de sequenti, commem. S. Maudeti. »

Henri de Laval-Boisdauphin, auteur du Propre de Léon d'où proviennent les leçons ci-dessus, fut évêque de Léon de 1651 à 1661. Jean-Louis de La Bourdonnaye, qui le fit réimprimer en 1705 et en 1736, occupa le même siège de 1701 à 1745.

SAINT MAUDEZ

COMMENTAIRE HISTORIQUE

LA PREMIÈRE VIE DE S. MAUDEZ

I.

Époque de la rédaction de cette Vie.

Cherchons d'abord l'époque de la rédaction de la première Vie ou Vie trégoroise de saint Maudez. Les § 8 et 9 de ce document (1) contiennent le récit de certains événements accomplis « depuis peu », dit l'hagiographe, « au temps du comte Hoël : *nuper, in tempore Hoeli comitis.* » Ce prince est incontestablement le duc de Bretagne de ce nom, qui régna de 1066 à 1084. Les événements en question durent se produire, nous le verrons plus bas (2), en 1076 ou 1077. La rédaction de la première Vie de S. Maudez appartient donc certainement au dernier quart du XIe siècle.

A l'appui de ces événements du règne d'Hoël, sous la date de 1076 ou 1077, dom Lobineau dans son *Histoire de Bretagne* (I, p. 101) cite lui-même, en marge, comme source historique les *Actes de saint Mandé* (3). On est donc étonné de le voir ensuite, dans ses *Vies des Saints de Bretagne* (4), affirmer que ces mêmes « Actes ont été dressez avant que les

(1) *Lect. V*, ci-dessus, p. 204.
(2) Ci-dessous n° VI, p. 238.
(3) Sous le n° cii du livre III de son *Histoire*.
(4) Edition de 1725, in-folio, p. 84

« reliques de S. Maudez eussent été emportées hors de Bretagne », c'est-dire, d'après la date qu'il donne à cette translation, avant l'an 878. A première vue, on s'explique d'autant moins cette erreur que l'auteur des Actes, en parlant de la sépulture primitive du saint dans son île (l'île Modez), s'exprime de façon à bien montrer qu'au temps où il écrivait le corps du bienheureux ne s'y trouvait plus ; au § 7 il dit : « *Insulam in qua sanctus* JACUIT *tumulatus* (1) ». Si le corps y eût encore été, l'écrivain aurait mis là le présent : *jacet*, non le passé : *jacuit*. La cause de cette méprise de Lobineau, c'est qu'il avait confondu dans ses souvenirs le texte de la Vie trégoroise du saint et celui de son plus ancien office qui, lui, nous le verrons, porte bien : *jacet tumulatus* (2).

La première Vie de S. Maudez n'en reste pas moins du XIe siècle : date relativement récente, postérieure aux invasions normandes. Mais c'est un récit simple et sincère, qui garde encore la teinte primitive, où l'auteur, sans rien ajouter de son crû, sans tenter aucune explication, aucune amplification, a fidèlement, naïvement relaté ce que lui fournissait sur son héros peut-être quelque document écrit de date antérieure (quoiqu'il ne s'en réclame pas), certainement les plus anciennes traditions conservées à son époque et regardées comme les plus authentiques.

II.

Ce qu'on sait de la vie de S. Maudez.

Il a dû y mettre de la réserve, car ce qu'il nous apprend sur l'existence proprement dite de S. Maudez se réduit à peu de chose. En voici le résumé, en suivant les paragraphes de la première Vie.

(§ 1). — Saint Maudez vécut au temps de Childebert, roi des Franks, et posséda la dignité abbatiale   Où fut-il abbé ?

(1) *Lect. IV*, ci-dessus, p. 204.
(2) Voir ci-dessus, p. 223, et ci-dessous n° XX. p. 461.

La première Vie ne le dit pas, mais d'après la suite de son récit ce ne put être qu'en Armorique.

(§ 2). — Il eut pour père un petit roi d'Hibernie appelé *Ercleus*, pour mère la reine *Gentusa*.

(§ 3). — Dixième fils de ce royal couple, Maudez fut dès l'enfance destiné à payer la dîme et voué au service de Dieu ; à sept ans on l'envoya aux écoles s'instruire dans les sciences divines et humaines, où il surpassa promptement tous ceux de son âge. — D'ailleurs sur son éducation pas un trait, pas un détail caractéristique, pas un nom propre ; rien que des lieux communs.

(§ 4). — Et de même dans le paragraphe suivant, où on dit en termes très généraux qu'à la science il joignit le don des miracles et fit de nombreuses guérisons.

C'est là tout ce que la première Vie nous apprend de l'existence irlandaise de S. Maudez. Elle ne dit ni pourquoi ni comment il passa de l'Hibernie (Irlande) sur le continent, — parce que, évidemment, à l'époque où fut écrite cette Vie, on ne savait rien à cet égard. Elle ne relate même pas ce passage explicitement.

(§ 5). — Mais au paragraphe suivant — sans aucune transition, — elle nous montre Maudez parcourant tout le nord de la Bretagne armoricaine, suivi d'une masse de peuple ; puis se retirant avec ses disciples dans une île située à deux milles du continent, jusque là inhabitable à cause de la foule grouillante des bêtes venimeuses dont elle était infestée et qui en furent alors chassées par un décret de Dieu (*divino consilio*) ; en sorte que Maudez put s'y établir et construire, pour lui et pour ses disciples, un certain nombre de petites cases (*sibi suisque discipulis diversa receptacula, hospitia*). — Tout cela est dit fort simplement et expédié en dix lignes.

(§ 6). — Saint Maudez mit, semble-t-il, plus de temps et de fatigue à construire dans cette même île une église : « *Ad ædificandum oratorium, in quo orationes suo Creatori ac laudes debitas præsentaret, infatigabiliter invigilabat.* » Il donna à la consécration de cette église une grande solennité et y convia tous les évêques de Bretagne. Après quoi l'hagiographe trégorois se borne à ajouter que Maudez mena en ce lieu une vie pleine de vertus et de miracles, et qu'il y mourut : « *In præsenti loco spiritum exhalavit.* » L'expression « *in præsenti loco* » montre que cette Vie fut écrite dans le lieu même où saint Maudez était mort, c'est-à-dire dans l'île Modez, dont le monastère s'était relevé aussitôt après les invasions normandes et où les traditions, les documents relatifs à notre saint s'étaient conservés plus sincères et plus fidèles que nulle part ailleurs.

Voilà en somme tout ce qui concerne, à proprement parler, dans cette première Vie, l'existence personnelle de S. Maudez.

(§ 7.). — Le paragraphe suivant est un épilogue destiné à faire connaître la miraculeuse propriété que possédait encore, au temps où écrivait l'hagiographe, la terre de l'île dans laquelle Maudez avait été inhumé, bien que son corps n'y reposât plus à cette époque *(insulam in qua sanctus jacuit tumulatus)*. En délayant cette terre dans de l'eau et buvant cette mixture, on était immédiatement guéri des vers, et beaucoup de malades venaient dans l'île chercher cette guérison infaillible.

III.

Épisodes. — Les disciples de S. Maudez et le Teuz.

Le reste de la première Vie comprend quatre miracles ou faits merveilleux manifestant la puissance de S. Maudez : deux postérieurs de beaucoup à la mort du saint ; deux autres de son vivant, mais qui ont un caractère épisodique. Le récit de ces épisodes est d'ailleurs beaucoup plus développé et plus fourni de détails que la narration générale de la vie du saint comprise dans les § 1 à 7 et que nous venons d'analyser : ce qui me porte à croire que cette narration dérive de quelque document écrit, ancien et succint, fidèlement suivi dans sa simplicité et sa brièveté, — tandis que le récit des épisodes procéderait de la tradition orale, toujours plus prolixe, plus circonstanciée que les documents écrits.

Ces deux épisodes concernent Botmaël et Tudi qui, dès les premiers temps de la retraite de saint Maudez dans son île

(initio habitationis illius sancti in prædicta insula), étaient venus
se mettre sous sa conduite et se faire instruire par lui dans
les sciences sacrées et dans la discipline monastique *(in Dei
servicio et divina pagina instruebat)*, ce qui prouve qu'ils y
étaient encore novices. Le saint leur donnait ses leçons en un
lieu qu'au xie siècle, lors de la rédaction de la première Vie,
on appelait encore « la Chaire de S. Maudez » *(in loco qui
nunc dicitur Cathedra Sancti Maudeti, § 10)* ; et le reste du
temps, quand ils ne priaient pas, les deux disciples s'assem-
blaient en ce lieu pour repasser ensemble et fixer dans leur
mémoire les enseignements de leur maître. Mais un jour, ils
voient tout à coup sortir de la mer un être hideux, une sorte
de monstre *(marina bellua satis turpis)*, qui se fait un jeu de
les troubler et de tourner en dérision leurs pieux exercices
(eis illudens nimium tam in lectione quam in oratione). Pleins
d'effroi, les deux moines courent dénoncer le fait à leur maître,
qui se met en observation pour épier le retour de ce malin
esprit (§ 11).

Quelques jours après, priant sur le seuil de sa cellule, il le
voit qui prend de nouveau le chemin de la Chaire-Maudez,
il s'élance à sa poursuite. Menacé par le maître, le diable
renonce à tourmenter les disciples ; il court vers la plage mé-
ridionale, plonge dans la mer ; puis bientôt on le voit reparaître assez loin du rivage, installé sur la pointe d'un rocher au
milieu des flots, d'où il semble braver S. Maudez. Celui-ci
irrité ramasse une pierre, la lance d'un bras vigoureux au
monstre, qui malgré la distance en est atteint et roule du haut
de son roc dans la mer, où il s'enfonce pour ne plus jamais
reparaître en ces parages (§ 12).

IV.

Suite.

Dans cette curieuse légende (1) ce qu'il y a de plus curieux
pour nous, ce sont deux noms appliqués par l'hagiographe,

(1) Ce récit occupe les §§ 10, 11, 12 de la première Vie, ci-dessus,
p. 205-206.

l'un au diable dont il conte l'histoire, l'autre à l'île, théâtre de cette aventure. Le premier, dit-il, était « un démon « que les Bretons appellent *Tuthe* » (*quidam dæmon quem Britones* TUTHE *appellant*, § 11). Dans l'ancien breton, le *th* avait le même son qu'il a aujourd'hui en anglais; donc ce mot *Tuthe* se prononçait *Tuz*. C'est identiquement le mot *Teus* ou *Teuz*, qui désigne chez les Bretons de nos jours un lutin rustique ou esprit follet, parent plus ou moins proche du *Korrik* (1). Mais ce *Tuthe* ou *Tuz* du moyen-âge est le même aussi que le *Duz* ou *Dus* gaulois, dont parlent S. Augustin (*dæmones quos Dusios Galli nuncupant*), Isidore de Séville, Hincmar, Thomas de Cantimpré et autres auteurs cités dans Du Cange au mot *Dusii* (édit. Didot, t. II, p. 966-967).

Quant au *Teuz*, parmi les auteurs modernes qui en parlent, je me bornerai à indiquer dom Le Pelletier, *Dictionnaire breton* (col. 878); Cambry, *Voyage dans le Finistère* (édit. originale, I, p. 72; II, 169 et 295); Souvestre, *Foyer Breton* (édit. Coquebert, p. 98 à 108, histoire du *Teuz ar Pouliet*, spécialement la note de la p. 100); Vérusmor, *Voyage en Basse-Bretagne* (p. 329), où le *Teuz* est assimilé au *Gabino*.

Le *Tuthe* de la Vie de S. Maudez, mentionné par un document du XIᵉ siècle, placé ainsi à égale distance des *Teuz* modernes et des *Duz* gaulois, les relie fortement les uns aux autres et constate à travers tout le moyen-âge la persistance et l'identité de cette croyance populaire; dont on peut ainsi tracer l'histoire « depuis les temps les plus reculés jusqu'à nos jours ». Curieuse étude que je me permets de suggérer aux écrivains traditionnistes aujourd'hui si nombreux, mais en général trop ignorants — ou plutôt trop insouciants — des documents historiques.

Quant à l'île où le *Tuz* exterminé par S. Maudez était venu faire ses fredaines, et qui s'appelle aujourd'hui en breton *Enes-Modez*, en français *Ile Modez*, l'hagiographe du XIᵉ siècle affirme (§ 10) que de son temps elle portait encore son nom primitif, *Gueld-Enes*, dont il donne cette explication :

(1) C'est par abus qu'on dit *Korrigan* au masculin ; ce mot est en réalité le féminin de *Korrik*.

« Initio habitationis illius sancti (Maudeti) in præedicta insula, quæ lingua britannica GUELDENES appellatur : GUELD enim *res indomita* britannico sermone, ENES *insula* interpretatur ; inde GUELD-ENÈS, quasi *Insula indomita* et inhabitabilis, propter vermium multitudinem, ut supra dictum est » (ci-dessus p. 205).

Aujourd'hui, en breton armoricain, sauvage *(res indomita)* se dit *gwez* et non *gweld* ; mais, en gallois, sauvage est toujours *gweld* ou *gwell*, ainsi prononcé, qu'on écrit *gwyllt*. — A la fin du xiᵉ siècle, ce mot appartenait encore au breton armoricain. Nouvelle preuve du fait proclamé de nos jours par la philologie, à savoir qu'au xiᵉ siècle le breton armoricain et celui de l'île étaient une seule et même langue (1) : fait qui persévérait au siècle suivant, où Giraud de Barri atteste que, sauf un très petit nombre de mots, le breton d'Armorique était parfaitement intelligible aux Gallois (2).

V.

La grève de l'île Modez.

L'autre histoire des disciples de S. Maudez est moins curieuse (voir § 15, 16, 17 de la première Vie). Dans l'île de Guelt-Enès le feu s'est éteint, Maudez envoie Botmaël sur le continent, dans ce canton qui fait face à l'île du côté de l'Ouest et qu'au xiᵉ siècle, lors de la rédaction de la première Vie, on appelait comme aujourd'hui Lan-Modez, latinisé plus ou moins régulièrement en *Landa Maudeti* (§ 15). Dans la première maison où il s'adresse, la femme ne veut lui donner du feu que s'il s'engage à le remporter dans un pan de son manteau. Condition acceptée, le manteau ne brûle pas. Mais

(1) Voir Loth, *L'Emigration des Bretons insulaires en Armorique* (1883, p. 92.

(2) Giraud de Barri, plus connu sous le nom de Giraud le Cambrien *(Giraldus Cambriensis)*, né dans le pays de Galles au comté de Pembroke, en 1146, mort en 1220 Parlant de la langue des Cambriens ou Gallois, il dit : « Cornubienses vero et Armoricani *lingua* utuntur *fere persimili*, Cambris tamen, propter originem et convenientiam *in multis adhuc et fere cunctis, intelligibili* ». (*Descript. Cambriæ* lib. I, cap VI, édit. Powell, p. 180).

Botmaël a beau courir pour rentrer dans l'île et traverser cette longue grève rocheuse toute hérissée de cailloux et coupée de flaques d'eau qui sépare Lan-Modez de l'île Modez ; il est parti trop tard, la marée le rattrape, l'entoure et le force à grimper sur un de ces petits monceaux de roches semblables à des masures éboulées, qui surgissent là de toute part. La mer escalade aussi ce rocher, tout à l'heure elle va atteindre Botmaël. O prodige ! plus le flot monte, plus le rocher monte aussi, montrant toujours sa tête au-dessus de la vague et, sur sa tête, Botmaël sain et sauf (§ 16). La mer se retirant, il aborde à pied sec l'île Modez, avec ses charbons toujours brûlants dans son manteau qui ne brûle pas. Maudez et Tudi, qui ont suivi des yeux toutes les péripéties de son retour périlleux, le reçoivent avec grande joie et rendent grâce à Dieu (§ 17).

Le manteau incombustible est un miracle banal, qu'on trouve dans mainte légende. Le rocher qui monte et domine le flot montant est un prodige moins commun, ici d'ailleurs très topique, provoqué en quelque sorte par l'étrange aspect de l'immense grève étendue entre l'île Modez et Lan-Modez, toute bossuée de tertres caillouteux, mais qui n'a pas de grands rochers.

VI.

Le duc Hoël de Bretagne.

Pour terminer l'examen de la première Vie de S. Maudez, restent les deux miracles postérieurs à sa mort : d'abord, celui où il est question du duc Hoël (§ 8 et 9). En raison du caractère historique de ce récit, je crois devoir le traduire :

« § 8. Voici un miracle qu'il ne faut point passer sous silence ni livrer à l'oubli, qu'il faut porter, au contraire, avec un soin spécial à la connaissance des fidèles présents et à venir : miracle accompli depuis peu, au temps du comte Hoël, par le serviteur de Dieu Maudez. Ce comte était issu, de tous les côtés, d'une illustre race princière, et ce pays (la Bretagne armoricaine) obéissait alors à son pouvoir suzerain. Mais quelques-uns de ses barons s'étant levés contre lui et ayant suscité une grande rébellion, il assembla son armée, assiégea les rebelles, les refoula vigoureusement dans une gorge tout entourée de rochers, et là les bloqua de façon à leur ôter toute issue, tout moyen de lui échapper. Les malheureux n'étaient pas seulement accablés de terreur, ils souffraient de la faim et de la soif. Aussi envoyèrent-ils furtivement un de leurs écuyers à une fontaine dédiée à saint Maudez pour leur rapporter de l'eau.

« § 9. Celui-ci, ayant puisé de l'eau et placé sur ses épaules le vase qui la contenait, prit son chemin pour revenir. Mais quel fut son effroi quand il sentit cette eau fraîche tomber sur sa chair et la brûler comme eussent fait des charbons ardents ! La douleur insupportable de cette brûlure l'empêchant de rejoindre ses compagnons, il revint à la fontaine du saint et, confessant sa faute, il y remit l'eau qu'il y avait puisée. Cet écuyer ayant ensuite publié cette merveille, tous ceux qui en eurent connaissance se plurent à glorifier le Dieu tout-puissant et saint Maudez, son serviteur ».

VII.

Suite.

Hoël était comte de Cornouaille par son père Alain Canhiart, comte de Nantes par sa mère la comtesse Judith. Il avait épousé Havoise, dont le père Alain III, comte de Rennes et de Vannes et duc de Bretagne, mourut en 1040, en laissant un seul fils légitime, le duc Conan II, mort lui-même sans enfant en 1066 ; Havoise alors hérita de son frère, et par là, sur la tête d'Hoël son mari, devenu duc de Bretagne, furent réunis les quatre grands comtés de Rennes, de Vannes, de Nantes et de Cornouaille.

Toutefois la ville de Rennes et une partie du comté avaient été, en 1040, constitués en apanage au profit d'un fils naturel d'Alain III appelé Geofroi Grenonat ; ce bâtard avait quelque prétention d'être préféré à sa sœur légitime Havoise pour la couronne de Bretagne. Il en était de même d'Eudon, premier comte de Penthièvre qui vivait encore, frère d'Alain III, et qui, depuis la mort de ce dernier, avait constamment tendu à s'emparer du duché. Ces deux chefs, très puissants et très remuants, ne pouvaient manquer de rallier des partisans, d'autant que les principaux feudataires bretons, jusque là en fait presque complètement indépendants, voyant la puissance ducale doublée par cette accumulation des grands comtés sur la tête de leur suzerain, craignaient d'être désormais contraints de plier sous son autorité, dont le poids leur semblait insupportable. Ainsi pensait, entre autres, Eudon, vicomte de Porhoët, le plus ardent, le plus important des grands vassaux gagnés à la cause des mécontents, qui tenait en fief tout le centre de la péninsule bretonne ; de même, les principaux seigneurs de Cornouaille ; en Haute-Bretagne, les sires de Montfort, de Combourg, d'Ancenis ; très probablement le comte de Léon, etc.

Pendant six ans environ — de 1072 ou 1073 à 1079, date de la mort d'Eudon de Penthièvre— le duc Hoël fut en butte aux efforts, aux entreprises sans cesse renouvelées de cette ligue féodale. La lutte, vaillamment soutenue par lui, eut des péripéties très diverses : on peut les suivre dans les historiens de Bretagne que je nomme en bas de la page (1), qui toutefois sont loin d'avoir mis ces événements dans une lumière suffisante. De leurs indications il résulte toutefois, comme je l'ai déjà dit, que le moment le plus ardent de la lutte correspond aux deux années 1076, 1077. Il convient donc d'assigner cette date au fait rapporté ci-dessus par la première Vie de S. Maudez.

Mais quel fut le théâtre de ce fait ? Dom Lobineau le

(1) Voir Le Baud, *Histoire de Bretagne,* p. 164, 165, 166 ; — d'Argentré, *Hist. de Bret.,* 3e édit., livre II, chap. 38 et 40, p. 225, 227 ; — D. Lobineau, *Hist. de Bret.,* I, p. 99, 100, 101 ; — D. Morice, *Hist. de Bret.,* I, p. 77 à 79 et 986 ; — *Preuves de l'Hist. de Bret.,* I, col. 102 (Chroniques Annaulx), 129 (Robert du Mont), 378 (Cartul. de Quimper) ; Chronique de Quimperlé, dans Baluze, *Miscellan,* édit. in-8, I, p. 523. — A. de la Borderie, *Recueil d'actes inédits des ducs de Bretagne,* no XVI, p. 37-38

place dans le comté de Porhoët : pure conjecture, qui n'a d'ailleurs rien d'invraisemblable. On serait toutefois naturellement porté à prendre la fontaine de S. Maudez *(fontem Sancti Maudeti)*, où l'écuyer va puiser, pour la fontaine dont usa personnellement S. Maudez, c'est-à-dire pour celle de l'île Modez. Cette idée ne supporte pas l'examen : impossible de trouver nulle part aux environs de l'île Modez, en allant jusqu'à bien loin, un site comme celui dont il est cas dans le récit ci-dessus, c'est-à-dire une gorge, un défilé fermé par des murailles de rocher, dans lequel le duc ait pu cerner et bloquer hermétiquement ses ennemis. Pour trouver cela il faut s'enfoncer dans l'intérieur des terres : ce qui rend vraisemblable, comme je l'ai dit (sans la rendre toutefois certaine et décisive) la conjecture de dom Lobineau ; ce qui oblige aussi à voir dans cette *fontem S. Maudeti*, non point la fontaine de l'île Modez, mais une fontaine quelconque dédiée à S. Maudez, et dont on ignore la situation : d'ailleurs, il n'en manquait pas.

Nous allons en trouver une autre sous le même patronage dans le dernier miracle de la première Vie dont il nous reste à parler.

VIII.

Un Minihi de S. Maudez.

On sait ce qu'était au moyen-âge le droit d'asile attribué aux églises ; dans les édifices consacrés au culte, dans les cimetières ou enclos qui les entouraient, la justice séculière ne pouvait intervenir pour arrêter même des criminels ni pour saisir leurs propriétés ; toute violence contre les personnes réfugiées, contre les biens abrités dans ces lieux de franchise était punie par les plus sévères excommunications, par les plus terribles anathèmes de l'Église, qui avait en vue par là de défendre la faiblesse et l'innocence contre les brutalités de la force et de la guerre, si fréquente à cette époque. — En Bretagne, ces territoires privilégiés étaient nombreux et souvent d'une étendue considérable. On les appelait en breton *minihis (menec'h ti*, maison de moines), et l'on en rapportait l'origine au séjour de quelque saint personnage, dont le souvenir s'était perpétué là par une église, une chapelle, une fontaine, placée sous son patronage. Ce mot de *minihi* est traduit dans nos anciens documents latins par *munitio*, qui en ce sens semble particulier à la Bretagne (1). Au xi⁰ siècle, la fréquence des guerres privées entre les seigneurs féodaux donnait aux minihis de nombreux clients. Ces guerres amenant presque toujours des pillages de part et d'autre sur les sujets des barons engagés dans ces luttes, on voyait souvent les populations menacées de ces razzias transporter leurs meubles, leur bétail, au moins leurs objets les plus précieux dans les minihis les plus rapprochés, qui devenaient ainsi le dépôt de richesses considérables.

La première Vie de S. Maudez (§ 13) nous apprend que, dans un minihi placé sous la protection de ce saint, les habitants du pays avaient amassé, pour le soustraire au péril, une quantité considérable de bétail (2). Des brigands sans foi ni loi, sans crainte des anathèmes de l'Église, sans nul respect pour le saint patron, firent un jour irruption dans ce lieu d'asile et main basse sur tout ce qui s'y trouvait. Les pauvres paysans, en grand nombre, ainsi dépouillés, volés, ruinés, poussèrent au ciel des plaintes, des gémissements, des protestations, dont les forbans ne firent que rire, et ils ne s'émurent pas davantage en entendant leurs victimes adresser à saint Maudez cette prière :

« Illustre confesseur du Christ, rendez-nous notre bétail ! » Vengez l'injure que ces affreux bandits vous ont faite en » violant le privilège de votre minihi. »

Les brigands allaient repartir avec leur butin ; mais ils avaient chaud, s'étant fatigués à leur vile besogne, et de plus il faisait un grand soleil ; avant de se remettre en marche

____

(1) Le Glossaire de Du Cange ne donne point cette signification, ni rien qui en approche.

(2) « Prædam ». Dans Du Cange : « *Præda* (n⁰ 2), pecus, armentorum grex ».

ils voulurent se désaltérer et envoyèrent l'un d'eux avec un cheval et un baril pour prendre de l'eau à une fontaine dédiée à S. Maudez. Sans descendre de cheval, leur messager jeta son baril dans la source pour le remplir ; mais, dit la première Vie de S. Maudez (§ 14), « de la source une flamme s'élança, » qui brûla en un instant le baril, le cheval et le cavalier. » Quelle qu'ait été la cause de la mort de ce dernier, ses complices n'hésitèrent pas y voir la main, la vengeance de S. Maudez. Atterrés, ils laissèrent là leur butin, quelques-uns d'entre eux furent pris de folie, les autres s'en allèrent nu-pieds en pèlerinage « à l'oratoire de S. Maudez », c'est-à-dire à l'île Modez ; tous firent le vœu solennel de respecter religieusement et à toujours le privilège des minihis et des cimetières placés sous l'invocation de ce bienheureux (1).

IX.

Suite.

Le minihi dont il est ici question se trouvait situé dans le pays de Tréguier, car d'après la première Vie (§ 13), les violateurs de cet asile étaient des Trégorois *(prædones Trecoriæ)*, et le lieu même de cette franchise s'appelait *Trevechnou* (2). Or, dans la paroisse de Langoat (aujourd'hui commune du canton de La Roche-Derrien), il y a un village appelé *Treveznou* ou *Trévenou* (3), ancienne terre noble dont le manoir subsiste encore. Nous ignorons s'il existe en ce lieu quelque trace du culte de S. Maudez, mais la ressemblance ou plutôt

(1) « Voventes Deo et sancto Maudeto quod nunquam in vita sua in cimiteriis vel munitionibus ejus alicui injuriam inferrent. » (Première Vie, § 14, ci-dessus, p. 207).

(2) « Quidam maligni et perversi prædones *Trecoriæ* consilium inierunt, ut totam prædam munitionis ipsius (i. e. S. Maudeti) de *Trevechnou* undique caperent et pro libito suo inter se dividerent » (Première Vie, § 13).

(3) Sur la rive droite du Guindi, sur la limite Ouest de la commune de Langoat, en face et à peu de distance du bourg paroissial de Lanmerin, qui est sur la rive gauche du Guindi. Voir carte de France de l'Etat-major, feuille 41 (Lannion).

l'identité de ces deux noms (*Trévenou* n'étant que *Trevechnou* un peu adouci) ne permet guère, jusqu'à nouvel ordre, de placér ailleurs la curieuse scène décrite dans les § 13 et 14 de la première Vie de S. Maudez.

Quant à l'époque, elle est évidemment postérieure, et de beaucoup sans doute, à la mort du saint, puisque, d'après ce récit, il existait alors en Bretagne sous son patronage de nombreux cimetières et minihis. La scène elle-même d'ailleurs rentre bien (comme je l'ai indiqué) dans les mœurs du xie siècle, il y a lieu de la regarder comme appartenant à cette époque et un peu antérieure à l'histoire des ennemis du duc Hoël contée dans les § 8-9 de la même Vie, d'autant que ces deux épisodes ont entre eux une ressemblance marquée.

X.

Caractère historique de S. Maudez.

La première Vie de S. Maudez, dans sa forme actuelle, émane d'un seul rédacteur, qui écrivait vers la fin du xie siècle. Mais elle se compose de trois parties, dont les sources d'information nous semblent différentes.

La première partie, comprenant les § 1 à 7, renferme la vie du saint proprement dite, du moins les rares souvenirs que l'on en conservait, souvenirs marqués par un sentiment de réserve et de discrétion qui en reporte très-haut l'origine. Malgré le vague et la rareté de ces souvenirs, il s'y rencontre certains traits anciens, sur lesquels il convient d'insister.

Ainsi, la façon dont l'hagiographe rapporte l'établissement de S. Maudez dans l'île de Gueld-Enès (aujourd'hui île Modez) caractérise parfaitement l'installation d'un monastère breton ou scoto-breton de la première époque (du ve au viie siècle) :

« Ad quamdam insulam appropinquavit, atque sibi suisque
» discipulis statim illic *diversa receptacula* fundavit. *Hospitiis*
» *vero par itis*, ad ædificandum *oratorium*, in quo orationes
» suo Creatori ac laudes debitas præsentaret, infatigabiliter
» invigilabat » (§ 5 et 6).

Ici, comme dans la *Vie de S. Columba* par Adamnan, l'église où tous les moines se rassemblent pour prier, *oratorium*, est nettement distinguée des divers habitacles ou cellules isolées dont chacune était occupée par un des moines et qui sont appelées ici, comme dans Adamnan, *hospitia, diversa receptacula* (1). On voit encore aujourd'hui dans l'île deux de ces cellules circulaires, l'une connue sous le nom de *Forn Modez* (2), conservée tout entière pour servir de signal aux marins ; l'autre, à quelques pas de la première, dont les fondations sont encore très apparentes.

Notez aussi que, contrairement au dire de la plupart des hagiographes modernes, ce n'est point la vie anachorétique que Maudez va mener sur Gueld-Enès, c'est celle d'un chef de monastère scoto-breton ; la première Vie ne réduit point ses compagnons au chiffre de deux, comme semble le faire (ainsi que nous le verrons plus loin) la Vie orléanaise : elle nous le montre formant un établissement monastique pour lui « et pour ses disciples, *sibi suisque discipulis :* » ce qui implique naturellement l'existence d'une communauté. Et de fait, quelques lignes plus bas, au sujet de la consécration de son église, nous voyons le saint prendre l'avis de cette communauté : « *Consilium requisivit... accepto consilio secum commorantium* » (§ 6). Aussi, lorsque la première Vie nous dit que Maudez exerça l'autorité abbatiale (*Maudetus abbatia præditus*, § 1), il ne faut point chercher son « abbaye » ailleurs que dans Gueld-Enès ou l'île Modez, d'autant que cette première Vie nous le montre là seulement, et non ailleurs, avec des disciples et des moines dont il est le chef.

Notons enfin, comme un trait bien conforme à l'histoire, la parfaite indépendance avec laquelle Maudez forme son établissement monastique, sans demander la protection ni l'autorisation d'aucun prince.

(1) Voir Dr Reeves, *Life of saint Columba*, édit. 1874, Introduction, p. CXIX, CXX.

(2) « Four de Maudez », à cause de la forme de ce petit et vénérable édifice.

XI.

Conclusion sur la première Vie de S. Maudez.

Ainsi, en dépit de sa brièveté et de sa réserve, cette première partie de la Vie trégoroise détermine avec exactitude les traits essentiels de la physionomie historique de S. Maudez.

Il vient d'Irlande ; de son existence hibernoise on ne sait guère que cela en Armorique, lui-même n'en dit peut-être jamais davantage. Après avoir évangélisé le nord de notre péninsule, il se retira avec ses disciples dans l'île Gueld-Enès, y fonda et dirigea, au vi^e siècle, un de ces monastères scoto-bretons primitifs, dont celui d'Iona, régi par S. Columba, nous fait connaitre le type (1). Et, ce qui n'est pas le moins curieux, de l'antique monastère de S. Maudez il subsiste encore sur le sol des restes fort appréciables. Nous étudierons un jour ces restes en les mettant en rapport avec d'autres ruines du même genre. Ici nous ne pouvons que les signaler.

La seconde partie de la première Vie de S. Maudez comprend les deux épisodes relatifs à S. Botmaël et à S. Tudi (§ 10, 11, 12, et 15, 16, 17). J'ai noté plus haut les traits curieux qui s'y rencontrent (ci-dessus § iii et iv). Ces récits, du moins le premier, nous montrent Maudez et ses moines vivant dans des cellules séparées, conformément à la discipline des monastères scoto-bretons de l'époque primitive.

Toutefois, les traditions représentées par cette seconde partie sont, à nos yeux, du moins dans leurs forme actuelle, beaucoup moins anciennes et moins sérieuses que les traditions et les documents d'où procède la première partie de la Vie.

Quant à la troisième partie, elle se compose des deux récits étudiés par nous en dernier lieu (§ 8 et 9, 13 et 14 de la première Vie, ci-dessus n^{os} vi, vii, viii, ix). Les faits relatés sont contemporains ou quasi-contemporains de l'hagiographe lui-même ; on a vu quel intérêt ils présentent pour l'histoire des événements et des mœurs du xie siècle breton.

(1) Voir Dr Reeves, *Life of S. Columba*, Introd. p. c à cxxvii.

Somme toute, la première Vie de S. Maudez, moins ancienne dans sa rédaction ancienne qu'on se plairait à le désirer, reste néanmoins un document sincère, sérieux, vrai dans ses traits essentiels, et vraiment important de notre ancienne histoire.

LA DEUXIÈME VIE DE S. MAUDEZ.

XII.

Époque et caractère de la deuxième Vie.

Les reliques de saint Maudez furent tirées de Bretagne et portées dans l'intérieur de la France, pour les soustraire aux invasions normandes, soit de 874 à 878, comme on le dit habituellement, soit plutôt au commencement du xᵉ siècle après la mort d'Alain le Grand. L'ère des invasions passée, une partie de ces reliques revint en Bretagne, notamment à Tréguer et à l'abbaye de Beauport. Mais il en resta aussi une bonne partie en diverses villes et diocèses de France, notamment à Poitiers, Bourges, Orléans. Dans cette dernière ville, l'office de S. Maudez était célébré le 18 novembre à la cathédrale ; c'est pourquoi l'on trouve dans les légendaires de cette église la deuxième Vie de saint Maudez, dont nous avons publié le texte ci-dessus (p. 210 à 217).

Le manuscrit qui renferme cette Vie est du xivᵉ siècle, et il n'y a pas lieu de rapporter la rédaction de cette pièce à une époque beaucoup antérieure, tout au plus à la fin du xiiiᵉ siècle. On sait qu'il y avait alors beaucoup de Bretons aux écoles d'Orléans (1), cela explique suffisamment la popularité du culte de S. Maudez en cette ville et le besoin qu'on éprouva de renouveler, d'amplifier et d'embellir sa légende.

Cette légende amplifiée, que nous appelons la deuxième Vie de S. Maudez (2) dérive certainement de la première Vie,

(1) Voir l'Enquête de canonisation de saint Yves, témoins I, XVIII et XLVI dans les *Monuments originaux de l'histoire de S. Yves*, p. 12. 15, 52, 112 ; et l'article de M. Léopold Delisle sur le *Dictamen Trecorense*, dans l'*Hist. littéraire de la France*, t. XXX.

(2) **Dans** le texte de cette deuxième Vie, le saint est toujours appelé *Mandetus*, parce que les Orléanais disaient « saint *Mandé* ». Néanmoins, nous continuerons de l'appeler *Mandez*, puisqu'il s'agit du même personnage et que c'est là la forme bretonne, c'est-à-dire la vraie forme de son nom.

car elle en reproduit souvent la phraséologie, et elle en a même copié, transcrit mot pour mot, en se l'appropriant, un passage de vingt lignes, qui est passé littéralement des § 3 et 4 de la première Vie dans les § 4 et 5 de la deuxième (1).

De plus, dans cette dernière Vie, tous les faits principaux sont les mêmes, de ce côté rien de neuf; mais ces faits, au lieu de se présenter, comme dans la première Vie, au hasard, en manière d'épisodes décousus, inexpliqués, sont liés ici avec art, disposés dans un ordre logique, accompagnés de détails et de développements destinés à expliquer d'une façon satisfaisante les causes et les suites des divers événements. Les miracles sont plus étonnants et plus nombreux.

Bref, au lieu d'un récit reproduisant naïvement, sincèrement, sans arrangement ni addition d'aucune sorte, les plus anciennes traditions, écrites ou orales, relatives à S. Maudez, nous avons ici une composition historico-littéraire assez habilement faite, qui remanie ces éléments primitifs, leur impose une nouvelle forme et, sous prétexte de combler les lacunes, ajoute des détails et des imaginations nouvelles, lesquelles finissent par changer, altérer et détériorer gravement la véritable physionomie des faits et des choses, que l'on percevait encore, nous l'avons vu, parfois même assez nettement, dans la rédaction du XIe siècle.

On peut donc prendre sur le fait et suivre de près, dans la deuxième Vie de S. Maudez, les procédés employés par les hagiographes peu scrupuleux pour amplifier, embellir, rectifier à leur manière un texte ancien et lui donner une tournure nouvelle. C'est à ce point de vue surtout que la légende orléanaise de notre saint est curieuse à étudier.

XIII.

Pourquoi S. Maudez quitta l'Irlande.

La première Vie de S. Maudez, nous l'avons vu, ne savait rien de l'existence irlandaise du saint, sauf sa naissance. En

____

(1) Cf. ci-dessus p. 203, lignes 3 à 23, et p. 211, lignes 11 à 31.

particulier, elle ignorait complètement le motif qui avait amené Maudez d'Irlande en Armoriqne.

Sur tout cela, au contraire, la deuxième Vie est parfaitement renseignée. Pour expliquer le passage de Maudez en Armorique, elle a tout un roman. C'est une peste affreuse qui dévaste le royaume d'Erdéus, père de Maudez, et qui fauche toute la famille royale, père, mère, et neuf de leurs fils sur dix : Maudez seul reste. Voilà ce royaume sans chef ; en même temps accourt d'une autre province un prétendant dont on ne se soucie pas, et qui menace le pays de guerre si on le rebute ; mais il a une fille, et si on veut la marier à l'unique héritier du royaume, c'est-à-dire à Maudez, il n'insistera pas sur ses droits. Malheureusement, non-seulement Maudez est moine, mais (selon cette deuxième Vie) il est déjà abbé. Malgré cela, tous les seigneurs du royaume le pressent de sortir du cloître, de prendre la jolie femme qu'on lui offre (*virgine speciosa*) et, avec la femme, le sceptre (§ 7).

Maudez demande pour prendre un parti un délai d'un jour et d'une nuit, qu'on lui accorde ; il supplie Dieu de lui envoyer une maladie qui le rende impropre à la dignité royale. Le lendemain, il est affecté d'une lèpre qui lui couvre tout le corps d'ulcères hideux, repoussants d'aspect et d'odeur. Les seigneurs de son royaume ne veulent pas l'approcher, la demoiselle qui le convoitait ne veut plus le voir, le voilà débarrassé de la femme et du trône (§ 8 et 9).

Vingt-quatre heures après, nouveau changement : plus de lèpre, Maudez est plus sain, plus joli garçon que jamais (*sanior, pulcrior et elegantior quam unquam fuerat*). Si on le voit en cet état, on va le faire roi malgré lui. Il demande donc à sa communauté (*conventui suo*) de lui fournir les moyens de quitter l'Irlande : on lui trouve une barque, où il monte avec deux de ses moines, Botmaël et Tudet ou Tudi, et tous trois vont aborder dans la petite Bretagne (§ 10).

Inutile apparemment de discuter de pareilles fables. Notons seulement, sur Botmaël et Tudi, la contradiction flagrante avec la première Vie : suivant celle-ci, ils ne sont point Irlandais, ce sont des disciples que Maudez conquiert en Armorique et qui font leur apprentissage et leur éducation monastique, ce qu'on appellerait aujourd'hui leur noviciat, sous sa direction dans l'île de Gueld-Enès (voir ci-dessus nº III, p. 234-235). Cette contradiction aura des conséquences que nous signalerons plus loin.

XIV.

Débarquement et premier établissement de Maudez en Armorique.

La première Vie ignore complètement le lieu de débarquement de S. Maudez en Armorique ; de son existence continentale avant sa retraite à Gueld-Enès elle ne sait qu'une chose, c'est que le saint évangélisa avec succès le nord de la péninsule armoricaine. Quant à son installation à Gueld-Enès, elle s'effectue, dans la première Vie, de la façon du monde la plus simple : Maudez trouve cette île inhabitée, inculte ; il s'y établit du droit de premier occupant, sans demander permission à personne, sans autorisation ni intervention d'aucune puissance. C'est ainsi, la plupart du temps, que s'installaient en Armorique les émigrés venus d'outre-mer, qui trouvaient là des territoires sans culture, sans possesseur, plus aisément que des princes et des pouvoirs réguliers pour donner à leurs établissements une autorisation officielle, dont ils n'avaient nul besoin.

La deuxième Vie a un point de vue tout différent ; d'abord, elle en sait beaucoup plus long sur le détail de l'arrivée et de l'établissement de S. Maudez en Armorique. Comme le rédacteur de ce document renferme toute l'existence armoricaine du saint entre Lanmodez et l'île Modez, il ne pouvait avoir aucun doute sur le point d'arrivée ; pour lui, ce devait être nécessairement la rivière de Tréguier : il fait en effet débarquer Maudez « au port appelé en breton *Banniged* (ou plutôt *Binniged*), en latin *Portus Benedictus* (1). C'est aujourd'hui en français le *Port-Béni*, en breton actuel *Porz Biniguet*,

(1) « Ad portum qui dicitur *Banniged* in britannico, latine vero *Portus Benedictus* » (ci-dessus p. 213).

à l'entrée de la rivière de Tréguier, sur la rive droite (1). Il ajoute que le saint et ses deux compagnons, Tudi et Botmaël, vécurent d'abord quelque temps à la belle étoile en un lieu sauvage, couvert de broussailles, appelé *Leshcluan* (2), qui semble répondre au village actuel de Lesouan, Lesvoan ou Lesvoanno (forme plurielle du nom), très voisin du Port-Béni.

Ici le rédacteur de la deuxième Vie fut pris, fort mal à propos, d'un scrupule que n'avait point connu celui de la première. L'auteur de la deuxième Vie était très probablement — pour ne pas dire certainement — un clerc breton venu à Orléans, sur la fin du xiiie siècle ou le commencement du xive, pour étudier le droit dans les célèbres écoles de cette ville, par conséquent imbu des idées, des prescriptions de la jurisprudence du temps, suivant laquelle il fallait, pour fonder régulièrement un monastère, l'autorisation du prince du pays. Le clerc s'inquiéta donc du prince qui aurait dû (selon lui) autoriser l'établissement monastique de Maudez ; il le découvrit assez aisément. Suivant sa première Vie, le saint avait vécu sous Childebert, et notre clerc breton (l'auteur de la seconde Vie), qui connaissait certainement l'histoire de S. Tudual, lui-même contemporain de Childebert, y trouva un prince breton régnant sur les côtes de l'Armorique appelé Déroch, ou suivant quelques variantes, Derec ou Daroc. C'est ce prince qu'il résolut de mettre en rapport avec saint Maudez ; seulement, par suite de diverses fautes de copistes, ce nom, *Daroc* ou *Darec*, est devenu successivement Daioc, Daiec, Daec, *Daeg*, et c'est sous cette dernière forme qu'il se présente dans le manuscrit de la bibliothèque d'Orléans, forme que nous suivrons ici, quoique bien défectueuse, puisque c'est celle du document que nous examinons.

Donc, suivant la deuxième Vie « les veneurs du comte Daëg, » qui régnait alors sur les côtes de la Bretagne armoricaine » sous Childebert roi des Francks (3) » — ces veneurs ayant

---

(1) V. Carte de France de l'État-major, feuille 42 (Tréguier).

(2) « In vico qui dicitur *Leshcluan*, in frutetis, divo et acris inclementie expositi, ipse et socii ejus aliquandiu traxerunt vitam » (C. 10, ci-dessus, p. 213).

(3) « Venatores Daeg comitis, qui tunc sub christianissimo Gilberto, rege

rencontré Maudez et ses compagnons les amenèrent devant le comte qui, informé de leur origine et de leur histoire, ordonna de leur construire un monastère dans « une terre » appelée en breton *Lesvanalec* ou *Lesvanadleg*, en latin *Curia » Miriceli* (1) » — en français la *Cour de la Genêtaie*. Car en breton, *les* signifie cour, dans le sens du latin *aula, curia*; genêt se dit *balan, banadl, banal,* et champ de genêts *balanec* ou *banalec*. Quant à la mutation du *b* en *v*, dans *Les-Vanalec*, elle est, on le sait, fréquente en breton.

Mais quel est le lieu désigné par ce nom de Les-Vanalec ou Les-Banalec ? Quand on suit avec soin le récit de la deuxième Vie, on y trouve trois étapes successives assignées à saint Maudez durant son séjour en Armorique : 1" le *Port-Béni*, où il débarque ; 2" *Les-Vanalec*, à peu de distance du Port-Béni, où il bâtit un premier monastère avec l'aide du comte Daëg ; 3" l'île *Guell-Ems* (aujourd'hui île Modez), où il se rend de Les-Vanalec à travers la grève (comme nous le verrons tout à l'heure), où il se fixe définitivement et où il meurt. — Sur la carte, entre le Port-Béni et l'île Modez, on ne trouve qu'une station dont le nom rappelle saint Maudez et d'où on puisse se rendre par la grève à l'île Modez : c'est le bourg dit aujourd'hui Lan-Maudez ou Lanmodez. On ne peut donc douter que, dans l'opinion du rédacteur de la deuxième Vie, *Les-Vanalec* ne soit le nom primitif de cette localité, à laquelle le séjour de Maudez aurait fait donner ensuite son nom actuel, Lanmodez. Mais pourquoi la deuxième Vie l'appelle-t-elle Les-Valanec ? je l'ignore, je n'ai pu jusqu'à présent retrouver ce nom dans la topographie locale. Il semble imité de celui d'une paroisse voisine, dite aujourd'hui Ploubalanec et plus anciennement *Plou-Banalec*, Paroisse de la Genêtaie, comme *Les-Valanec*, Cour de la Genêtaie.

Francorum, in sinu Armorico minoris Britannie regnabat » (§ 11, ci-dessus p. 213).

1) « Terre que dicitur *Lesuanalec* in britannico, latine vero *Curia Miriceli* » (Ibid. p. 214, cf. p 217).

XV.

S. Maudez dans l'île Modez.

Jugeant la première Vie de S. Maudez trop vide de miracles, le rédacteur de la deuxième Vie résolut d'en placer un ici, pour rendre compte de l'établissement définitif du saint dans l'île Guelt-Enès.

Donc, selon lui, pendant que l'on construisait le monastère de Les-Vanalec, les deux fils du comte Daëg, deux enfants, s'amusant à tirer de l'arc, l'un d'eux tua l'autre d'une flèche par accident (§ 12), et le père désolé dit à Maudez : « Si tu es un » vrai serviteur du Dieu tout-puissant, rends-moi mon fils, et » tout ce que tu me demanderas, tu l'auras » (§ 13). Maudez ressuscite l'enfant et demande pour sa récompense l'île Guelt-Enès. Le comte a beau lui remontrer que cette île est couverte de broussailles et remplie de bêtes venimeuses : le saint persiste (§ 14). Il demande à un pêcheur de l'y passer en barque : refus du pêcheur, qui consent seulement à conduire Maudez et ses deux compagnons (Botmaël et Tudi) sur un rocher d'où ils pourront, à mer basse, se rendre à pied sec dans l'île. Ainsi est fait (§ 15).

Maudez veut alors purger son île de l'odieuse vermine qui l'infecte. Dans la première Vie rien de plus simple : cela se fait par un décret de Dieu, *consilio divino* : rien de plus. C'était beaucoup trop simple pour l'auteur de la deuxième Vie, qui tient à tout expliquer par le menu. Selon lui, Maudez prie Dieu de purifier Guelt-Enès par le feu ; un incendie général brûle tout ce qui se trouve dans l'île, bêtes et plantes jusqu'aux racines ; puis le vent soulève la mer, qui inonde l'île et entraîne tous les débris laissés par le feu (§ 15). Guelt-Enès est désormais propre et nette, comme au lendemain de la création. Mais tout cela est bien alambiqué, et voilà de bien grosses machines mises en jeu pour tuer quelques reptiles et assainir un îlot de quelques arpents.

Sur le nom de l'île, ou plutôt sur sa signification, la

deuxième Vie ne s'accorde point avec la première. D'après la légende orléanaise, cette île, avant saint Maudez s'appelait l'île *Venimeuse*, et après qu'il l'eût si bien nettoyée on la nomma Guelt-Enès, c'est-à-dire, l'île *Améliorée* (assainie) :

« Petiit (beatus Mandetus) sibi dari insulam *Venenosam*
» tunc temporis appellatam, que modo appellatur *Guelteuzs*,
» quod interpretatur *Insula Meliorata* » (§ 14, ci-dessus p. 215).

Il suit clairement de là qu'à la fin du xiii⁰ siècle, quand on *améliorait* de la sorte la première Vie de S. Maudez, les Bretons armoricains ne comprenaient plus le breton du pays de Galles. Ni en gallois ni en breton armoricain, *guell* n'a jamais signifié « meilleur ». C'est *guell* ou *guell* qui veut dire meilleur, en breton d'Armorique. Le clerc de la fin du xiii⁰ siècle qui s'était chargé d'amplifier la Vie de S. Maudez, clerc breton sans aucun doute, ne comprenant plus le vrai sens de *guell*, a fait une traduction par à peu près, comme s'il y avait *guell*, et s'est cru probablement bien malin en corrigeant et contrariant de la sorte la première Vie, tandis que c'était lui-même qui perpétrait un lourd contresens (1).

XVI.

Altération de l'épisode du Teuz.

Le rédacteur de la deuxième Vie a mis à profit et encadré dans son amplification les épisodes de la première Vie, en les modifiant et les altérant aussi assez gravement, et en écartant celui qui touche le duc Hoël de Bretagne, dont le nom historique, d'une date connue, résistait aux arrangements de l'amplificateur.

Les exploits du malin démon ou *Teuz*, qui avait houspillé à Guelt-Enès, dans leurs études et leur apprentissage monastique, Botmaël et Tudi, ces exploits sont étrangement réduits et travestis. D'après la deuxième Vie de S. Maudez, Tudi et Botmaël seraient venus d'Irlande avec Maudez lui-même et auraient été dès lors moines profès : cette Vie ne

____

(1) Voir le véritable sens de *guell* ou *guell*, ci-dessus p. 237.

pouvait donc plus les représenter comme novices lors de l'établissement de Maudez à Guelt-Enès, et dès lors le Teuz ne pouvait plus troubler leurs études. La deuxième Vie nous le montre donc se bornant à démolir, durant la nuit, les édifices monastiques qu'on élevait pendant le jour : invention gratuite et assez fade, dont il n'y a pas trace dans la première Vie. Puis, au lieu de donner à ce méchant lutin le nom de *Tulhe* ou *Tuz* qui est si breton et le rattache aux *Duz* gaulois, la Vie orléanaise l'appelle *Cuche*, nom qui ne rime à rien, mais qui est probablement une faute de copiste, causée par la grande similitude et la confusion facile du *t* et du *c* dans l'écriture du xive siècle.

XVII.

Travestissement de l'histoire du Minihi.

L'épisode du minihi de Trevechnou est travesti d'une façon encore plus grave. La deuxième Vie place le fait en question avant la mort du saint, date inconciliable avec le récit de la première Vie, qui nous montre le culte de saint Maudez dès lors fort répandu, puisqu'il avait sous son patronage un nombre considérable de minihis et de cimetières (voir § 14 et n° viii, p. 208 et 243 ci-dessus). De plus, la deuxième Vie change sans plus de façon le nom et le lieu du minihi, qu'elle transporte de Trevechnou (Treveznou en Langoat) à Les-Vanalec, c'est-à dire, comme on l'a vu, à Lan-Modez. Enfin ce n'est plus un minihi, un lieu d'asile, où les populations d'alentour viennent mettre leurs biens à l'abri ; c'est un village, un domaine, et un domaine de rapport, dépendant du monastère de saint Maudez. Traduisons, pour fixer les idées, quelques lignes de ce récit :

« Après la construction du monastère de l'île Guelt-Enès et sa consécration solennelle par les évêques de Bretagne, Dieu ayant fait là de fréquents miracles par le ministère de saint Maudez (1), le comte Daëg et les seigneurs du pays,

____

(1) « Per sanctum *Mandelum* ». Mais, nous l'avons dit, nous traduisons toujours *Mandelus* par Maudez.

dans leur ferveur charitable, donnèrent à ce dernier des terres, des domaines, des héritages, affranchis de toute redevance temporelle (*absque tributo censuali*), pour y construire des couvents dans lesquels les moines de saint Maudez devaient célébrer le service divin. Maudez, qui aspirait de toutes ses forces à accroître le patrimoine du Crucifix (ou du Crucifié,) construisit dans ces domaines de nombreuses habitations et y mit des habitants qui vivaient là sous l'abri et sous la protection monacale. Un de ces villages, dit en breton Les-Vanadleg, était si riche, que cette abondance excita une troupe de brigands à venir le piller » (§ 18, ci-dessus p. 216-217).

Le reste du récit reproduit à peu près celui de la première Vie. Mais dans ce qui précède tout est changé ; il n'y a plus là, à vrai dire, aucune notion du minihi breton, aucun trait de la physionomie de saint Maudez ; son caractère est là, au contraire, entièrement défiguré, calomnié. Ce rude moine, qui s'exila de son pays d'origine, qui évangélisa tout le nord de l'Armorique et se retira ensuite, avec quelques disciples, pour y vivre et mourir, dans une île sauvage, stérile, séparée du reste du monde par des courants périlleux et des grèves perfides, — voilà qu'on nous le représente comme un abbé de basse époque, brûlé de la soif d'augmenter le patrimoine du Crucifix, c'est-à-dire, en bon français, les biens de son couvent.

Le minihi n'est plus l'asile prêté par les saints aux faibles pour sauver leurs biens et leurs personnes ; c'est une ferme de rapport destinée à enrichir l'abbaye-mère.

Impossible de méconnaître, de travestir davantage les hommes, les choses, l'époque primitive de l'église bretonne-armoricaine. Ici, assurément, ce n'est pas un Breton qui a tenu la plume.

XVIII.

Conclusion sur la deuxième Vie de S. Maudez.

Nous en avons dit assez pour justifier notre opinion sur le caractère, la forme, la valeur historique de cette deuxième Vie.

Ce n'est rien qu'un arrangement, une amplification et une altération de la première ; le texte de cette première Vie, telle est l'unique source où a puisé l'amplificateur (1). Donc, les additions et les divergences de la deuxième Vie, comparée à la première, sont historiquement de nulle valeur ; elles sortent du cerveau de l'arrangeur ou plutôt des arrangeurs, car probablement plus d'un clerc y a mis la main.

Si l'épisode du minihi, tel qu'il est défiguré dans la deuxième Vie, ne peut guère être l'œuvre d'un Breton, il est sûr pourtant que l'amplificateur orléanais a eu pour collaborateur un Breton, même un Breton bretonnant : les traductions de *Port Binniged*, de *Les-Vanala*, même celle de *Guelt-Enés* quoique fautive, le prouvent. La connaissance qu'il avait de la topographie locale en ce qui touche le territoire situé entre la rivière de Tréguier et l'île Modez ou, si l'on veut, de Porz Biniguet à Guelt-Enés, montre en outre que ce devait être un Trégorois ; et cela n'est pas pour nous étonner, puisqu'il y avait, on l'a déjà dit, à la fin du XIII° siècle et au commencement du XIV°, beaucoup de Trégorois aux écoles d'Orléans.

Mais, Bretons ou non, l'œuvre produite par ces arrangeurs, la deuxième Vie de S. Maudez, curieuse comme développement légendaire, n'a pas de valeur historique. La seule source sérieuse, utile à consulter sur l'histoire de saint Maudez, reste sa première Vie, celle qui vient du Légendaire de Tréguier et du Bréviaire de Léon.

---

(1) Dans son prologue, cet amplificateur déclare « s'appuyer sur la tradition véridique des pères saints, » c'est-à-dire des pieux ancêtres : *Veridicæ traditioni sanctorum patrum innitens* (ci-dessus p. 210). Cette indication de source, à dessein pompeuse et vague, ou n'est qu'une creuse banalité ou se rapporte à la première Vie de saint Maudez.

CONCORDANCE DES DEUX VIES DE S. MAUDEZ.

XIX.

Pour permettre de vérifier plus aisément ce que nous venons de dire des deux Vies de S. Maudez, de leurs rapports et de leurs différences, nous allons donner ici la table sommaire de l'une et de l'autre, en suivant les paragraphes des deux textes latins, et en indiquant, là où elle existe, la correspondance des paragraphes des deux Vies ; dans les renvois que nous ferons de l'une à l'autre, A désignera la première Vie, B la seconde.

Première Vie.

1. Saint Maudez, abbé ; son époque (le règne de Childebert).

2. Sa patrie (l'Irlande), ses parents [B, 2 (1)].

3. Il est voué dès sa naissance au service de Dieu ; son éducation, sa science [B, 3, 4].

4. Ses miracles [B, 5].

5. Ses prédications dans la Petite Bretagne ; son monastère dans l'île Guelt-Enès [B, 16 au commencement].

6. Construction et consécration de son église ; sa mort [B, 18 au commencement, 20].

7. Vertu miraculeuse de la terre de l'île Guelt-Enès.

8, 9. Miracle de saint Maudez contre les ennemis d'Hoël, duc de Bretagne.

10, 11, 12. Botmaël et Tudi, disciples de saint Maudez, attaqués par le Teuz (*Tuthe*) [B, 16].

13, 14. Miracle de S. Maudez contre les violateurs d'un de ses minihis [B, 18, 19].

15, 16, 17. Botmaël préservé du feu et de l'eau [B, 17].

___

(1) C'est à dire, que le § 2 de la deuxième Vie correspond à ce § de la première, et ainsi pour les autres renvois qui suivent.

Deuxième Vie.

1. Prologue.

2. La patrie (l'Irlande) et les parents de S. Mandé, voué avant sa naissance au service de Dieu [A, 2, 3 (1)].

3. Il est confié à un abbé chargé de l'instruire.

4. Son éducation, sa science [A, 3].

5. Ses miracles [A, 4].

6. Il est élu abbé de son couvent en Irlande.

7, 8, 9. Tous ses parents étant morts, on veut le faire roi ; pour le délivrer de ces instances, Dieu le couvre, à sa demande, d'une lèpre horrible.

10. Guéri de cette lèpre, il passe, avec Tudi et Botmaël, dans la Petite-Bretagne.

11. Il s'établit à Les-Vanalec, sous la protection du comte Daëg.

12, 13. Il ressuscite un des fils du comte.

14. Le comte lui donne Guelt-Enés.

15. Il s'y établit avec Tudi et Botmaël [A, 5].

16. Miracles, guérisons, histoire du démon Cuche (*Tulhe*), [A, 10, 11, 12).

17. Botmaël préservé du feu et de l'eau [A, 15, 16, 17].

18, 19. Miracle de saint Maudez contre les brigands qui viennent piller l'un de ses villages [A, 13, 14].

20. Mort de saint Maudez [A, 6].

Les paragraphes de la deuxième Vie, pour lesquels la table ci-dessus n'indique pas de correspondance avec la première, sont ceux où les rédacteurs de la légende orléanaise ont donné à leur imagination libre carrière.

En revanche (je l'ai déjà remarqué) ils ont complétement omis le curieux épisode relatif aux ennemis du duc Hoël (§ 8 et 9 de la première Vie) ; et à peine ont-ils daigné dire deux mots de la puissance spéciale de saint Maudez contre les vers (au commencement du § 16), tandis que la première Vie consacre tout un paragraphe (§ 7) à la vertu vermifuge et vermicide de la terre de l'île Modez, objet peu intéressant pour les clercs de l'église d'Orléans, et au contraire beaucoup pour les moines de l'île, du nombre desquels était l'auteur de la première Vie.

(1) C'est-à-dire, que les §§ 2 et 3 de la première Vie correspondent au § 2 de la première, et de même pour les autres renvois.

LE TRÈS ANCIEN OFFICE DE S. MAUDEZ.

XX.

Cet office nous semble fort ancien ; toutefois il ne peut être antérieur à la fin du xi° siècle, puisqu'on y fait allusion à l'histoire du duc de Bretagne Hoël (Laudes, antiennes 3°, 4°, et hymne des secondes vêpres). Tous les répons, antiennes et versets étant rimés, nous croyons même qu'on ne doit pas le faire remonter au-dessus du xiii° siècle. Mais il a dû être rédigé d'après un office en prose beaucoup plus ancien, composé quand le corps de saint Maudez reposait encore dans l'île Modez, c'est-à-dire avant le x° siècle. Nous traduisons ici deux passages, qui ne peuvent laisser de doute à cet égard ; c'est d'abord le dernier répons du troisième nocturne, qui porte :

« Jésus, devant qui tout genou fléchit, vous qui avez acc·rdé à saint Maudez ce privilège, que la terre où repose son corps (*terra qua corpus ejus reconditur*) ne puisse souffrir aucun animal venimeux, mais le tue immédiatement, — par les mérites de Maudez, éloignez de nous les serpents qui blessent nos âmes et qui voudraient les tuer. » (Ci-dessus, p. 222-223).

On a déjà vu (ci-dessus p. 234) que la terre jouissant du privilège de donner la mort aux vers et aux autres animaux venimeux n'est autre que celle de l'île Modez.

La première antienne de Laudes, plus explicite encore, dit en toutes lettres : *Maudetus insula jacet tumulatus.*

» Maudet gît enterré dans son île, et sa gloire s'étend au » loin sur le continent. » (Ci-dessus, p. 223).

Après l'ère des invasions normandes, le monastère de saint Maudez fut relevé, tout au moins dès la première moitié du xi° siècle, comme le prouvent les restes d'église et de cloître encore existants dans l'île Modez. Au xiii° siècle, ce monastère devint une dépendance de l'abbaye de Beauport, et cette abbaye reçut en 1205, comme relique insigne, le chef de saint Maudez. Mais elle le garda soigneusement pour elle, et à supposer qu'elle en eût donné quelque parcelle au prieuré de l'île Modez (ce que nous ignorons absolument), cela ne suffirait point pour motiver ces affirmations si nettes et qui s'appliquent au corps tout entier : *Maudetus insula jacet tumulatus ; — terra qua corpus ejus reconditur.*

Il faut donc admettre que l'office primitif, remanié et rimé au XIII° siècle, était antérieur aux invasions normandes. Or cet office, qui abonde en versets *historiques*, confirme sur tous les points essentiels la première Vie de S. Maudez, mais ne fait aucune allusion aux additions et aux inventions de la Vie orléanaise.

Un mot sur le manuscrit qui contient cet office. Comme nous l'avons dit ci-dessus (p. 200), c'est un bréviaire qui se rattache à la liturgie du diocèse de Tréguier. On a cru pouvoir rapporter ce manuscrit au XIV° siècle; c'est une erreur. Outre que l'écriture est celle du XV°, même assez avancé (1), on y trouve un office très développé de la Présentation de la sainte Vierge, fête qui fut établie dans le diocèse de Rennes (2) en 1415, dans celui de Nantes (3) en 1427 ou 1430, et dans les autres diocèses de Bretagne plus tard encore.

(1) Il y a dans ce manuscrit, comme dans presque tous ceux de ce temps, pas mal d'abréviations, mais qui n'ont rien de particulier, et je n'en ai pu découvrir aucune à qui les traités de paléographie permettent d'appliquer (comme on l'a fait parfois) la qualification de *tironienne.*

(2) Voir le *Livre des Usaiges de l'église de Rennes,* au 21 novembre, fol. 3 d'un exemplaire de cet ouvrage ms. qui est en ma possession. — Baillet, dans ses *Vies des Saints,* au 21 novembre, écrit ceci : « On dit qu'un évêque » de Rennes, nommé Anselme de Chantemerle, établit publiquement la fête » de la Présentation dans son église avant l'année 1389, qui fut celle de sa » mort. » (Edit. 1739, in-4°, t. VIII, p. 131). C'est une méprise : 1389 fut au contraire la première année de l'épiscopat d'Anselme de Chantemerle, qui ne mourut qu'en 1427 (Voir D. Morice, *Hist. de Bret.,* t. II, Catal. des Evêques, p. VIII; et *Gallia Christiana,* XIV, col. 758). La fête ne fut établie à Rennes qu'en 1415.

(3) Voir Travers, *Histoire de Nantes,* I, p. 526 ; et Vincent Charron, *Kalendrier historial de la glorieuse Vierge Marie,* p. 779.

LE PROPRE DE LÉON.

XXI.

Les leçons du bréviaire d'Orléans, imprimé en gothique vers 1510, ne sont qu'un élégant abrégé de la deuxième Vie, qu'elles suivent exactement ; cet office témoigne du soin avec lequel on entretenait à cette époque dans la cité orléanaise le culte de saint Maudez (voir ci-dessus, p. 225).

Les leçons du Propre de Léon composé au XVIIe siècle, leçons qui forment la seconde pièce de notre Appendice, sont une œuvre plus compliquée. Elles suivent en général la deuxième Vie de S. Maudez, c'est-à-dire la légende orléanaise, que jusqu'ici nous n'avions pas trouvée en Bretagne. Mais elles y mêlent certaines notions toutes nouvelles, qui ont pour but de raccorder, si l'on peut parler ainsi, l'existence de saint Maudez avec les grands noms et les grandes lignes de l'histoire ecclésiastique de la Bretagne, comme la concevait l'auteur de ces leçons.

La paroisse de Lanmodez (y compris l'île Modez), quoique enclavée dans le diocèse de Tréguier, relevait de l'évêché de Dol. L'auteur des leçons insérées au Propre de Léon a tenu à expliquer ce fait : pour cela il imagine que Maudez débarqua en Armorique dans un port innommé voisin de la ville de Dol, d'où il ne tarda pas à se retirer dans le monastère de saint Samson (1), qui était justement évêque et abbé de Dol. De là on nous le montre prêchant dans le nord de la péninsule armoricaine et arrivant à Lexobie (le Yaudet), où il trouva (nous dit-on) pour évêque S. Tudual, qui le reçut bien, lui donna congé de prêcher dans son diocèse et l'attacha à son monastère de Trécor (Tréguer). Mais au bout d'un certain temps, pris de la passion de la solitude, Maudez se retira au bord de la mer, « au lieu où se voit aujourd'hui une église

_____

(1) « Appulsusque ad portum Dolensi civitati vicinum, in saltuoso quodam loco substitit aeris inclementiæ expositus, indeque ad monasterium sancti Samsonis transivit » (Lect. V, ci-dessus p. 229).

» paroissiale sous son invocation, relevant de l'évêché de Dol
» quoique comprise dans les limites de celui de Tréguer (1) ».
C'est Lanmodez.

La foule venant le chercher jusque-là, il se réfugia dans
une île située à une lieue de la côte, infectée de bêtes
venimeuses et d'herbes vénéneuses qu'il détruisit : on recon-
naît là l'île Modez.

Le débarquement de Maudez dans le voisinage de Dol,
ses rapports avec saint Samson et saint Tudual, tout cela est
une invention de l'auteur des leçons du Propre de Léon,
invention qui ne repose sur aucun document ni aucune tradition. Sans doute Maudez put être en relation avec ces deux
grands évêques, mais nous n'en savons rien.

L'unique source sérieuse à consulter pour son histoire, c'est
sa première Vie, surtout les sept premiers paragraphes, et
aussi, dans une certaine mesure, l'office du bréviaire manuscrit
du séminaire de Tréguer.

(1) « In locum secessit mari Britannico confinem, ubi nunc ecclesia
parochialis illius sub invocatione visitur, Dolensi præsulatui subjecta, intra
terminos Trecorensis tamen sita » (Lect. V, ci-dessus p. 229).

TRADITIONS POPULAIRES.

XXII.

Terminons par deux traditions populaires relatives à saint Maudez, qui semblent assez anciennes, que nous avons recueillies dans le pays même, et que nous n'avons vu relatées nulle part.

A Lanmodez, non loin du bourg, dans un terrain pendant vers la mer et regardant vers l'île Modez, il y a une épine blanche, très vieille, qui a un développement considérable et offre cette singularité, c'est que de temps immémorial elle reste toujours pareille, sans croître ni décroître. On l'appelle la *Chaire de S. Maudez*, parce que, dit-on, S. Maudez se plaçait devant cet arbre pour prêcher.

Quant à chercher quelque rapport entre cette Chaire de S. Maudez et la *Cathedra S. Maudeti* dont parle la première Vie du Saint dans l'histoire des disciples de S. Maudez et du Teuz (1), je crois que ce serait inutile, car tous les faits de cette histoire se passent dans l'île Modez.

* *

Dans la partie septentrionale de l'île de Bréhat, sur la côte ouest qui regarde l'île Modez, il existe une croix de pierre, dite croix de S. Maudez, où le clergé et les paroissiens de Bréhat vont en procession le dimanche de la Trinité. Voici, d'après les Bréhatins, l'origine de cette procession.

Saint Maudez vint un jour, de son île, prêcher dans celle de Bréhat, pour en convertir les habitants. Ceux-ci, au lieu de l'écouter, le battirent et le chassèrent. Mais ensuite, accablés de maux et de maladies contagieuses, ils virent là une punition de leur cruauté envers le saint. Ils allèrent donc le chercher, lui demander pardon, ils se convertirent et furent délivrés de leurs maux.

(1) Première Vie de S. Maudez, § 10 et 12, ci-dessus p. 205-206.

La croix fut érigée en mémoire de l'évènement, la procession instituée comme réparation à saint Maudez, et l'obligation de la continuer imposée, au même titre, par les Bréhatins d'alors à tous leurs descendants, qui l'ont jusqu'à présent fidèlement remplie.

ERRATA

Page 204 ci-dessus, ligne 19, *au lieu de* « invæstimabilis », *il faut* « inestimabilis ».

Page 223, ligne 3 : la lettre majuscule, placée en vedette à gauche de cette ligne, est une *R,* ce devrait être un *V,* parce qu'il s'agit d'un *verset* et non d'un *répons.*

AVIS AU LECTEUR.

La présente étude sur *Saint Maudez* (Textes latins et Commentaire historique) ayant été publiée dans le tome XXVIII des *Mémoires de la Société d'Émulation des Côtes-du-Nord*, tous les renvois de pages sont faits aux chiffres de pagination de ce volume. Pour que le lecteur puisse user de ces renvois, nous donnons ici la concordance de cette pagination avec celle du présent tirage à part. La lettre T indique les pages du tirage à part, la lettre M celles des *Mémoires*.

Pages.		Pages.		Pages.		Pages.	
M.	T.	M.	T.	M.	T.	M.	T.
198	1	215	18	232	35	249	52
199	2	216	19	233	36	250	53
200	3	217	20	234	37	251	54
201	4	218	21	235	38	252	55
202	5	219	22	236	39	253	56
203	6	220	23	237	40	254	57
204	7	221	24	238	41	255	58
205	8	222	25	239	42	256	59
206	9	223	26	240	43	257	60
207	10	224	27	241	44	258	61
208	11	225	28	242	45	259	62
209	12	226	29	243	46	260	63
210	13	227	30	245	47	261	64
211	14	228	31	245	48	262	65
212	15	229	32	246	49	263	66
213	16	230	33	247	50	264	67
214	17	231	34	248	51	265	68
						266	69

TABLE.